________________ 님의 소중한 미래를 위해

이 책을 드립니다.

삼국지 인생 수업

사람을 움직이고 세상을 얻는 지혜

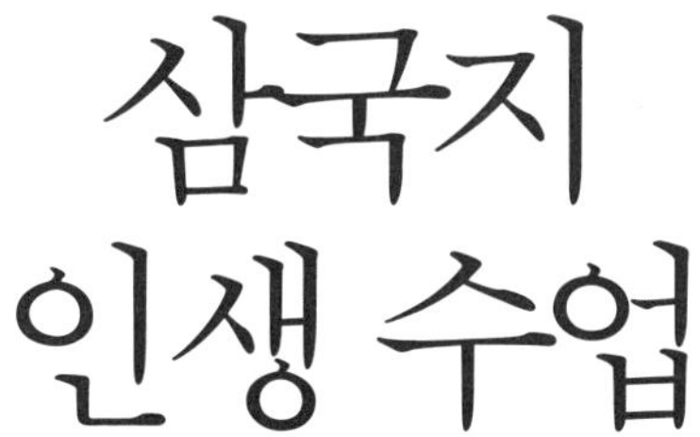

삼국지 인생 수업

나관중 지음 | 강현규 엮음

메이트북스

메이트북스 우리는 책이 독자를 위한 것임을 잊지 않는다.
우리는 독자의 꿈을 사랑하고,
그 꿈이 실현될 수 있는 도구를 세상에 내놓는다.

삼국지 인생 수업

초판 1쇄 발행 2026년 1월 10일 ｜ **지은이** 나관중 ｜ **엮은이** 강현규
펴낸곳 (주)원앤원콘텐츠그룹 ｜ **펴낸이** 강현규·정영훈
등록번호 제301-2006-001호 ｜ **등록일자** 2013년 5월 24일
주소 04607 서울시 중구 다산로 139 랜더스빌딩 5층 ｜ **전화** (02)2234-7117
팩스 (02)2234-1086 ｜ **홈페이지** matebooks.co.kr ｜ **이메일** khg0109@hanmail.net
값 14,000원 ｜ **ISBN** 979-11-6002-982-6 03100

“삼국지는 사람을 쓰는 책이다.”
• 모택동(중국 현대사의 지도자이자 사상가) •

“삼국지를 읽지 않으면 영웅을 알 수 없다.”
• 루쉰(중국 현대문학을 대표하는 사상가·문학가) •

삼국지의 명장면으로
사람을 읽고 삶의 지혜를 얻다

1

이 책은 방대한 삼국지 원전을 다시 줄거리로 풀어내거나 현대적으로 재해석한 책이 아니다. 이 작업을 시작하면서 처음부터 그 방식은 염두에 두지 않았다. 이미 수백 년 동안 삼국지에 수많은 해석이 덧붙여졌고, 우리에게는 지나치게 익숙한 이야기이기 때문이다.

대신 이 책에서는 그 서사를 이루는 가장 작은 단위, 곧 '사람'과 '장면'에 집중했다. 삼국지 속 그 사람이 어떤 순간에 가장 그 사람답게 빛나는가, 그때 그는 무엇을 말하고 어떤 결로 움직였는가. 이 책은 그런 장면들의 모음이다.

삼국지에서 일곱 사람을 고른 것도 영웅이라서가 아니다. 관우, 제갈량, 조조, 유비, 장비, 조운, 손권은 거대한 서사를 이끌었지만, 이 책에서 주목한 것은 그들이 지닌 '힘'이 아니라 각자의 기준을 끝까지 책임지는 태도였다. 세상은 언제나 혼란스럽고, 선택은 언제나 어렵다. 그 혼돈 속에서 무엇을 지키며 살아갔는가. 그 기준의 결은 인물마다 달랐고, 그 다름이 이 책의 중심이 되었다.

삼국지가 지금까지 살아남아 크게 사랑받는 이유도 여기에 있다. 이 이야기는 왕조가 바뀌는 거대한 전쟁을 다루지만, 끝내 현대를 살아가는 독자의 마음에 남는 것은 칼과 군대보다 사람 한 명이 무엇을 지키려 했는가 하는 문제다. 시대는 달라져도 인간의 고민은 크게 변하지 않는다. 선택의 갈림길에 서 있을 때, 마음이 흔들릴 때, 약속 앞에서 스스로를 돌아볼 때, 삼국지의 인물들은 지금 우리와 다르지 않은 얼굴로 서 있다.

2

삼국지는 우리에게 '완성된 답'을 주지 않는 고전이다. 관우의 의리도, 조조의 냉철함도, 제갈량의 지모도 어느 하나 완벽한 해답이 아니다. 그들은 각자의 기준대로 행동했고, 그 기준에서 비롯된 빛과 그림자를 모두 감당했다. 그래서 삼국지를 읽을 때마다 새로운 해석이 생기고, 세대마다 새로운 독해가 가능하다. 고전이 오래 살아남는 방식은 바로 이런 열린 여지에 있다.

삼국지는 수천 페이지에 이르는 대서사이기에 어느 지점에서 읽어도 속도와 깊이가 달라진다. 그래서 이 책은 삼국지를 읽기 전에도, 읽는 중에도, 다 읽은 뒤에도 각기 다른 방식으로 독자에게 다가갈 수 있다. 처음 삼국지의 세계로 들어가는 독자에게는 인물이 먼저 보이도록 길을 열어주고, 이미 삼국지를 여러 번 읽은 독자에게는 인물의 결을 다시 살펴보는 자리로 작용한다. 심지어 삼국지를 아직 읽지 않은 독자라도 각 장면 속에서 인물들이 지키려 했던 마음과 기준을 통해 삼국지가 지닌 감동을 그대로 느낄 수 있을 것이다.

이 책은 삼국지의 방대한 여정 앞에서 길을 잃지 않도록 돕는 등불이다. 또한 삼국지라는 긴 여정을 지나온 뒤 인물의 얼굴을 다시 마주하게 하는 거울이기도 하다.

3

이 책의 구성은 해설이 아니고, 요약도 아니다. 독자에게 설명을 얹어주는 대신, 삼국지 서사의 장면을 앞에 세웠다. 고전은 설명하지 않을 때 더 깊어진다. 이해시키려고 하지 않을 때 더 멀리 간다. 그래서 이 책은 스스로 말하는 장면을 먼저 건네고, 그 뒤에 아주 짧은 사유의 문장을 붙였다.

각 인물마다 20여 개의 칼럼을 배치한 이유도 같다. 인생은 연속된 플롯이 아니라, 여러 개의 순간이 남기는 결의 합이다. 20여 개의 장면을 따라가다 보면 그 사람이 무엇을 지키고, 무엇을 끝까지 견디고, 무엇을 후회했는지 자연스럽게 드러난다. 사건이 아니라 결을 따라가며 그 인물을 이해하도록 돕고 싶었다.

또한 이 책은 한 인물을 추앙하는 이야기만을 모으지 않았다. 위대한 선택과 영광뿐 아니라, 망설임과 흔들림, 계산과 후회 같은 인간적인 면모가 드러나는 장면도 함께 담았다. 한 사람을 입체적으로 읽을 때, 독자는 그 인물을 닮거나 미워하는 데서 멈추지 않고, 자기 삶의 기준을 더 정확히 확인하게 된다.

한편 독서 흐름을 위해 한자어 병기를 덜어냈다. 대신 장면의 의미가 흐려지지 않도록 문장의 호흡을 조정했고, 독자가 한 번에 읽히는 리듬을 우선했다. 이 책의 문장은 가능한 한 짧게, 그러나 가볍지 않게 쓰고자 했다.

또한 각 인물의 칼럼은 큰 흐름에서는 시간의 순서를 따르되, 단순한 연대기가 되지 않도록 주제의 결이 이어지게 배치했다. 한 사람의 삶은 사건의 나열이 아니라 기준의 흔적이기 때문이다. 독자는 시간의 흐름을 따라가면서도, 그 인물이 끝까지 붙들었던 한 줄의 기준을 놓치지 않게 될 것이다.

4

이 책은 삼국지를 다시 쓴 것이 아니라, 삼국지의 인물들을 다시 읽은 것이다. 해석이 아니라 사유의 방식으로, 영웅이 아니라 인간의 결로. 독자가 이 책을 읽을 때 "나는 어떤 기준으로 살아가는가?"라는 질문 하나만 남는다면, 이 책은 충분히 제 역할을 한 것이다. 삼국지의 인물들은 위대함이 아니라 자기 기준을 끝까지 책임지는 힘으로 시대를 견뎠다. 우리는 누구나 자기 인생을 그러한 책임의 결로 완성해갈 수 있다.

이 책은 결국, 오래된 이야기로부터 지금을 살아가는 우리를 되돌아보게 하기 위한 시도이다. 사람은 시대가 달라도 크게 다르지 않다. 고집, 갈등, 충성, 판단, 후회 등 삼국지 속 그 오래된 감정들은 오늘의 우리의 감정과 다르지 않다. 이 책을 통해 누군가는 타인의 기준을 본 뒤 자신의 기준을 다시 세워볼 수 있기를 바란다. 그것이 이 책을 엮으며 가장 바랐던 일이다.

엮은이 강현규

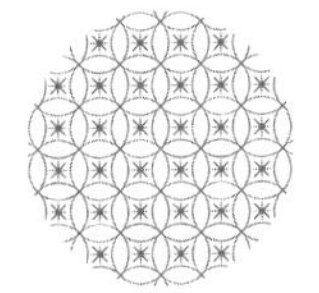

2장　제갈량 편: 책임 앞에서 추호도 물러서지 않는다

3장 조조 편: 승리보다 중요한 것은 패하지 않는 것이다

4장 유비 편: 상대의 마음을 진심으로 먼저 세워준다

5장 장비 편: 흔들림 없는 진심으로 의리를 지킨다

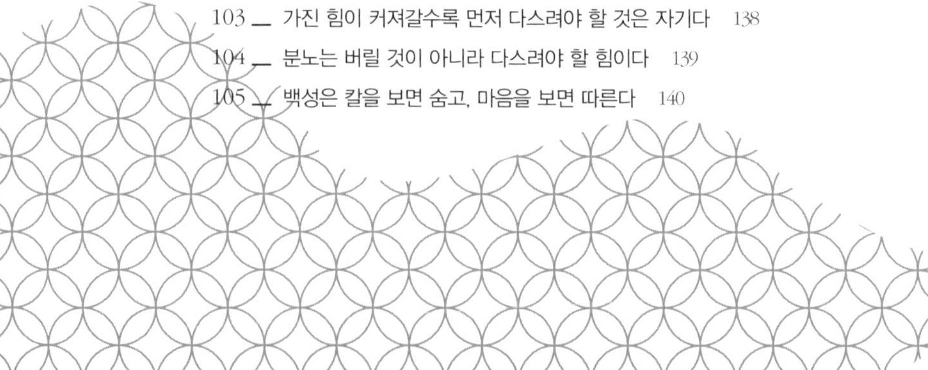

6장 조운 편: 맡은 일은 언제나 빈틈없이 완수한다

관우는 이기는 길보다 바른 길을 택했다. 한 번 세운 기준을 자신이 먼저 깨지 않았다. 은혜는 갚고, 마음은 팔지 않았다. 고립될수록 더 흔들림 없이 버텼다. 손해를 감수하면서도 자기 길을 바꾸지 않았다. 관우에게 승패는 결과가 아니라 기준을 지켰는가의 문제였다. 그래서 그는 쓰러졌어도, 스스로 세운 기준을 끝까지 책임진 사람으로 남았다.

1장

관우 편:

스스로 세운 기준을
끝까지 책임진다

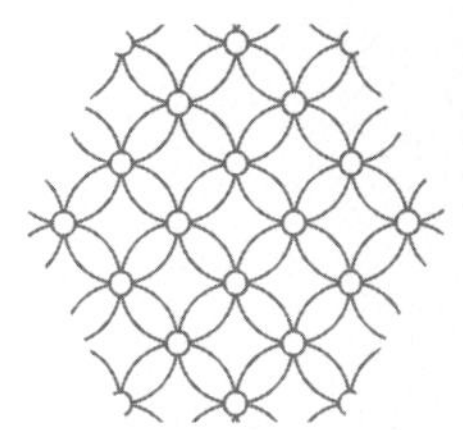

[관우의 생애 흐름]

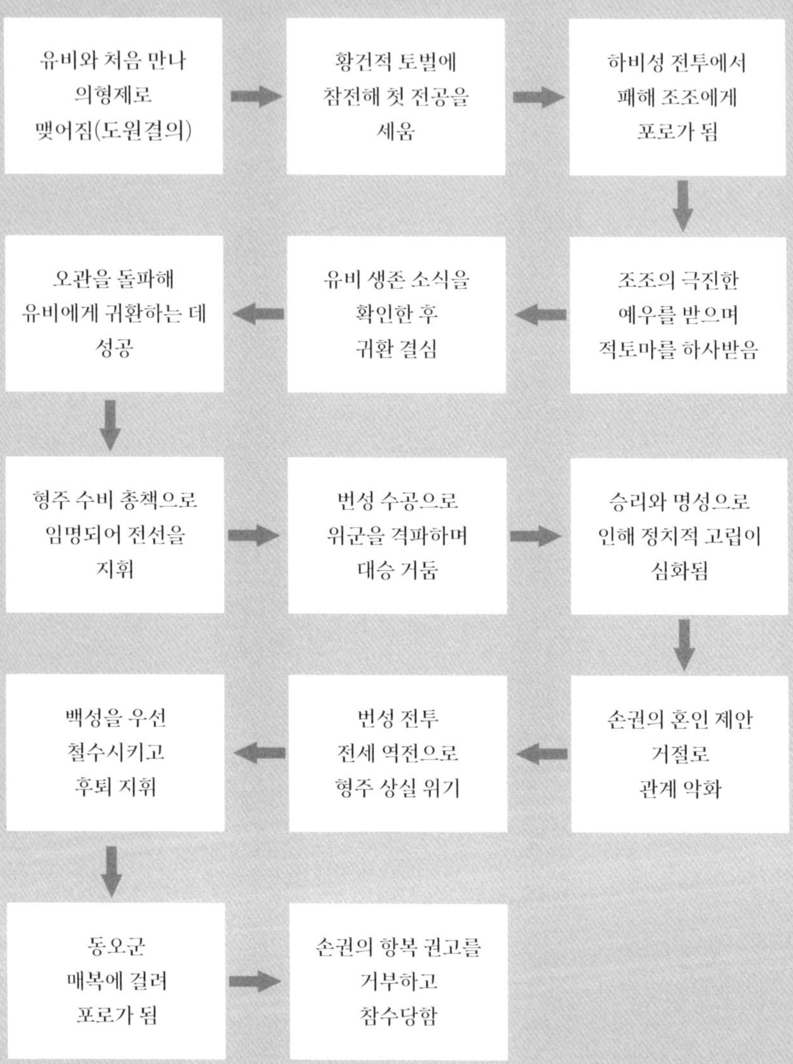

유비와 처음 만나 의형제로 맺어짐(도원결의)
황건적 토벌에 참전해 첫 전공을 세움
하비성 전투에서 패해 조조에게 포로가 됨
조조의 극진한 예우를 받으며 적토마를 하사받음
유비 생존 소식을 확인한 후 귀환 결심
오관을 돌파해 유비에게 귀환하는 데 성공
형주 수비 총책으로 임명되어 전선을 지휘
번성 수공으로 위군을 격파하며 대승 거둠
승리와 명성으로 인해 정치적 고립이 심화됨
손권의 혼인 제안 거절로 관계 악화
번성 전투 전세 역전으로 형주 상실 위기
백성을 우선 철수시키고 후퇴 지휘
동오군 매복에 걸려 포로가 됨
손권의 항복 권고를 거부하고 참수당함

1

함께 짊어진 순간부터
이미 운명이 된다

하얀 복면을 두른 농민들이 도끼를 들고 성문을 향해 몰려들었다. 천하가 뒤집히는 소리가 흙먼지 속에서 울렸다. 황건의 물결이 들판을 삼키고, 마을마다 깃발이 바뀌던 때였다.

유비가 검을 쥐고 말했다.

"내가 약자라면, 약자를 지킬 것이다."

장비가 성난 소처럼 고함치며 옆에 섰다. 관우는 조용히 칼을 들고 그들 사이를 가로막듯 바라보았다.

유비가 말했다.

"그 길이 바르다면, 목숨은 아낄 필요가 없다."

세 사람은 서로의 등을 맡겼다.

대의를 위해 처음으로 칼끝을 맞댄 그 밤, 도원의 복사꽃 아래서 피로 새긴 맹세는 같은 운명을 택한 자들의 약속이었다.

2

떠나는 길에서도
의리는 남는다

유비가 하비성에서 패했을 때, 관우는 포로가 되어 조조의 진영으로 보내졌다. 조조는 후하게 대접했고, 관우가 쓰던 적토마와 비단을 아낌없이 내렸다. 그러나 관우는 "무력한 몸이지만 유비를 찾겠다"고 스스로 다짐해두고 있었다.

유비가 살아 있다는 소식을 듣자 관우는 조조에게 인사를 올렸다.

"할 일을 모두 다 했으니 떠나겠소. 은혜는 잊지 않겠으나, 마음은 이미 정해져 있소."

조조 진영을 벗어나자 다섯 관문이 길을 막았다. 조조의 장수들은 관우에게 외쳤다.

"조공을 배반하고 어디로 가는가!"

관우는 칼을 들어 올리며 말했다.

"내 칼은 도리가 쥐고 있다."

3

은혜는 갚되
사람은 바꾸지 않는다

조조가 원소와의 전쟁에서 고전하자, 관우는 조조의 부하로서 안량과 문추를 베어 길을 열어주었다. 이는 조조가 자신을 극진히 대접한 은혜에 대한 마지막 보답이었다.

전투가 끝난 뒤, 조조는 관우를 높이 평가하며 더 큰 벼슬과 부귀를 내렸다. 그러나 관우는 두 부인의 수레를 앞세우고 그 앞에 단정히 서 있었다.

관우가 말했다.

"몸은 머물렀으나, 마음은 떠나 있었다."

관우는 절 한 번으로 마음을 팔지 않았다. 조용히 말을 돌려 유비를 향해 길을 나섰다.

4

목표를 이루기 전에
은혜부터 먼저 갚는다

조조의 대군이 적벽에서 오·촉 연합군에게 크게 패한 후 북으로 달아났다. 불길은 아직 강 위를 타고 있었고, 패잔병들은 강둑을 따라 정신없이 흩어졌다. 관우는 냇물을 건너며 퇴각로를 주시했다. 그 길은 조조가 일찍이 그에게 은혜를 베풀었던 하북으로 향하는 길이었다.

장비가 말을 몰아 관우에게 다가와서 말했다.

"형님과 중원을 세우려면, 지금 끝을 봐야 합니다. 조조를 놓쳐선 안 됩니다."

관우는 칼끝을 북쪽으로 겨누었다가 이내 거두며 말했다.

"조조가 나를 살려 보낸 은혜가 있다. 은혜를 갚지 않고는 의를 말할 수 없다."

조조의 기병은 이미 흙먼지를 일으키며 시야에서 사라지고 있었다. 관우는 칼을 거두고, 그대로 길을 열어주었다.

5

진짜 패배는
마음이 꺾이는 것이다

형주 전선이 길게 늘어지자 병사들의 눈빛이 흔들리기 시작했다. 강 하나를 사이에 두고 오와 위의 기세가 동시에 밀려오던 때였다. 오에서 밀려드는 강풍과 위에서 내려오는 깃발이 서서히 포위의 틀을 좁혀왔다.

장수들이 다가와 관우에게 속삭였다.

"상공, 힘이 더해지기 전에 물러나야 합니다."

관우는 침묵한 채 칼자루를 가만히 쥐었다가 이내 손을 놓았다. 패색이 짙어도 마음은 굽지 않는다는 뜻이었다.

"굽히지 않으면 이미 이긴 것이다."

관우의 목소리에 병사들은 다시 방패를 세웠다.

6

홀로 버티는 한 사람이
세상을 지탱한다

형주를 맡은 뒤, 관우는 홀로 두 강대국 사이에 서게 되었다. 유비는 서촉으로 향해 군사를 이끌었고, 손권은 끊임없이 형주의 반환을 요구했다. 북쪽에서는 조조가 군세를 정비하며 기회를 엿보고 있었다. 형주는 언제 무너져도 이상하지 않은 얇은 다리 같은 땅이었다.

관우는 밤마다 성루를 거닐며 적토마의 갈기를 가만히 쓸었다. 그의 앞에는 강동의 물길이, 뒤로는 북방의 대지가 이어져 있었다. 관우가 말했다.

"아무도 없다면, 내가 기둥이 된다."

7

승리는 잠깐이고,
교만은 오래 남는다

번성과 양양에 머물던 위군은 긴 포위전으로 지치고 있었다. 관우는 강물의 흐름을 읽었다. 해마다 우기가 되면 한 번 크게 넘치는 물길이 있었다. 그는 밤새 군사를 움직여 제방을 허물고 물길을 성으로 돌렸다.

새벽녘, 물이 한순간에 터졌다. 성벽 아래로 흙탕물이 밀려들어가자 위군의 진지가 무너졌다. 수천의 깃발이 물속에서 찢겨 흩어졌다.

관우는 성루 위에 올라 묵묵히 강을 바라보았다. 젖은 갑옷 사이로 병사들은 숨을 고르고 있었다. 관우는 말했다.

"물은 의로운 자를 돕는다."

그날 관우는 대승을 거두었다. 그러나 승리의 물결에 섞여 교만도 조용히 뒤따르고 있었다.

8

명예는 이름이 아니라
책임이 지킨다

번성에서의 승전 이후, 위의 주력군이 무너졌다는 소식이 천하에 퍼졌다. 조조가 수도로 물러날 수밖에 없다는 말까지 돌자, 형주의 밤은 축포와 환호로 들끓었다. 성벽 아래로 횃불이 강물처럼 흐르고, 장수들은 승리의 잔을 높이 들었다.

관우는 홀로 성루 끝에 서서 멀어지는 적진의 불빛을 바라보았다. 한 장수가 다가와 관우에게 조심스레 말했다.

"형주가 굳게 서 있습니다. 이제는 잠시 쉬셔도 됩니다."

관우는 손가락으로 성문을 가리키며 말했다.

"성문이 열려 있는 한, 내 이름도 열려 있다."

관우는 다시 성루를 따라 걸었다. 경계는 여전히 그의 몫이었다.

9

칭송이 높아질수록
외로움도 깊어진다

형주를 지키던 관우가 번성에서 연전연승을 거두고 조조의 장수들까지 사로잡자, 강동과 중원은 그의 이름을 두려움과 경외로 읊기 시작했다. 백성들은 관우를 "한 날개로 천하를 덮는 장수"라 불렀다.

그러나 조조는 관우의 기세가 위를 위협한다고 여겼고, 손권은 관우로 인해 형주의 균형이 무너질 것을 우려했다. 각기 다른 계산 속에서, 관우는 점점 고립되고 있었다.

축배를 올리던 자리에서 부하들이 환호하자, 관우는 잔을 천천히 내려놓으며 말했다.

"높은 언덕은 바람을 더 세게 맞는다."

관우는 칭송을 기쁨으로 받지 않았다. 다가오는 바람의 방향을 가늠하고 있었을 뿐이다.

10

가장 위험한 적은
내 안에서 자란다

형주를 안정시키고 북벌의 기세를 올리던 무렵, 손권은 관우에게 사자를 보내 혼인 동맹을 제안했다. 사자는 형주성의 위세를 둘러보고 감탄하며 관우에게 말했다.

"오나라의 공주를 장군의 집안에 들이고자 하니, 두 나라가 한 몸이 될 것입니다."

관우는 미소조차 보이지 않았다. 그의 눈빛은 이미 단단하게 굳어 있었다.

"나무가 너무 뻗으면 뿌리가 약해진다."

관우의 이 한마디에 사자의 얼굴이 굳어졌다. 이를 손권은 모욕으로 받아들였고, 형주의 균형은 그날부터 금이 갔다.

그 순간 관우의 적은 더 이상 바깥에 있지 않았다. 그의 마음 안에서 서서히 자라나고 있었다.

11

승리는 앞만 보지만,
패배는 뒤까지 살핀다

관우가 번성을 포위하자, 위군의 숨통이 점점 좁아졌다. 조인은 성 안에서 군량을 아끼며 버티고 있었고, 성 밖에는 물길이 차오르고 있었다. 관우는 조용히 한 마디를 남겼다.

"물이 적을 대신 싸우게 하라."

수문이 열리자 거대한 물줄기가 번성을 뒤덮었다. 패주하는 위군의 외침이 물속에 묻히고, 조인은 성루 위에 고립되었다. 관우의 장수들이 승리가 눈앞에 있다고 외쳤다.

그러나 밤이 깊어갈수록 관우의 얼굴은 굳어져갔다. 보급도, 후속 병력도, 형주의 안전도 아직 끝나지 않았다.

그때 서황의 군사들이 강을 가르며 들이닥쳤다. 기습 깃발이 출렁이는 물 위에서 번뜩였고, 오군도 형주에서 밀고 들어왔다.

관우가 이를 악물며 말했다.

"승리는 앞만 보지만, 패배는 뒤까지 살핀다."

12

혼자 끌어안는 전선은
끝내 무너진다

번성과 형주 일대가 관우의 깃발 아래 굳게 서 있던 시기였다. 그는 수공을 일으켜 위 장수 조인을 압박했고, 승리는 손안에 들어오는 듯했다. 그러나 손권의 군사가 동쪽에서 형주를 침탈해 들어왔고, 위군 역시 북쪽에서 포위를 좁혀왔다.

관우가 의지하던 모든 길이 하나씩 끊어지자 병사들 사이에 두려움이 번졌다. 그는 깃발 아래에서 장수들을 바라보며 말했다.

"의로 싸운다 해도, 혼자 버티면 무너진다."

지원도, 후퇴도 불가능한 전장이었다. 관우는 끝내 성문이 무너지는 소리를 들어야 했다.

13

진정 강한 사람은
약한 사람부터 챙긴다

번성 전투가 한창일 때, 피란을 가는 백성들이 아이를 업고 관우의 진영으로 몰려왔다. 성문 밖은 이미 위군의 화살이 빗발치는 죽음의 길이었다. 장수들이 다급히 물었다.

"장군, 문을 닫아야 병력이 보존됩니다!"

관우가 성루에서 아래를 내려다보았다. 아이를 안은 어머니가 떨리는 손으로 성문을 두드리고 있었다. 관우는 곧바로 외쳤다.

"문을 열어라! 백성이 먼저다!"

성문이 다시 열리고, 병사들이 노부모와 아이들을 부축해 안으로 들였다. 관우는 마지막 한 사람까지 들어오는지 직접 세어가며 지켜보았다. 관우가 장수들에게 말했다.

"강한 자가 먼저 살면 모두가 죽는다. 약한 자가 먼저 살면 모두가 산다."

14

고독한 지도자는
스스로를 먼저 붙잡는다

형주가 흔들리기 시작할 때, 동쪽에서는 오의 군세가 밀려오고 북쪽에서는 위의 깃발이 다시 늘어서고 있었다. 장안에서도, 익주에서도 아무런 기별이 오지 않았다. 원군을 기대하던 병사들의 속삭임이 점점 커졌다.

어느 날, 한 장수가 떨리는 목소리로 관우에게 다가와 물었다.

"상공, 우리는 버려진 것입니까?"

관우는 말없이 성벽 끝으로 걸어가 창의 촉을 천천히 땅에 박았다. 밤바람이 깃발을 흔들고, 멀리 위군의 횃불이 물결처럼 출렁였다. 관우는 말했다.

"사람이 나를 버려도, 나는 나를 버리지 않는다."

그는 북쪽 하늘을 향해 고개를 들었다. 기별이 오지 않는 어둠 속에서도, 관우는 홀로 자신의 마음을 붙잡고 있었다.

15

퇴각은 패배가 아니라
내일을 위한 준비다

형주 외곽을 감싸던 위군과 오군의 포위망이 점점 좁혀왔다. 성 위의 깃발은 연기 속에서 얼핏 보일 뿐, 구원군의 소식은 어디에도 없었다.

장수들이 눈을 부릅뜨고 마지막 돌격을 준비하자 관우가 손을 들어 막았다.

"남아 죽으면 여기서 끝이지만, 돌아서면 다시 시작이다."

관우의 그 한 마디에 장수들의 숨이 길게 흔들렸다.

관우는 부상병과 백성부터 성 밖으로 내보내며 끝까지 후미를 지켰다. 성문이 닫히는 마지막 순간, 그의 등 뒤로 적의 함성이 파도처럼 밀려들고 있었다.

16

가장 깊은 어둠에서
사람이 드러난다

번성의 마지막 양식이 바닥나자 병사들은 더 이상 방패를 들 힘도 없었다. 성 안은 숨죽인 절망으로 가득했고, 성루 위의 깃발조차 바람에 힘없이 늘어져 있었다.

한 부하가 가까스로 다가와 관우에게 속삭였다.

"상공… 이제 정말 끝입니다."

관우는 검은 어둠을 뚫고 북쪽 기세를 바라보며 대답했다.

"끝이라 말할 수 있는 자는, 아직 할 일을 다한 자뿐이다."

관우는 뒤돌아 성 아래를 내려다보았다. 흩어지지 않으려 버티고 선 병사들이 서리 같은 눈빛으로 여전히 관우를 바라보고 있었다. 관우는 다시 창을 들어 올렸다.

17

슬픔과 울음은 지나가고,
책임만 남는다

퇴각하던 관우의 부대가 강을 건너기 직전, 동오의 매복이 산 능선을 따라 번개처럼 솟구쳤다. 화살 비가 쏟아지자 병사들의 진형이 흔들렸다. 어떤 이는 절망에 주저앉아 울부짖었다.

관우는 말에서 내려, 창을 깊이 땅에 박고 서 있었다. 관우는 말했다.

"눈물을 쏟으면 분노는 흩어지고, 이를 악물면 책임이 남는다."

그의 두 눈은 적을 향한 것이 아니었다. 자신이 끝까지 지켜온 의의 방향을 향해 있었다.

18

말보다 훨씬 묵직한
약속이 있다

전장에서 날아온 급한 전갈 속엔 한 줄뿐이었다. "장비 전사." 장비의 시신도 찾지 못했다는 보고가 뒤따랐다.

관우는 말없이 서 있었다. 붉은 수염 끝이 미세하게 흔들렸다. 부하들은 감히 눈을 마주치지 못했다.

잠시 후 관우가 낮게 말했다.

"두 형제가 지킨 길을 내가 어찌 버리겠는가."

그는 천천히 칼자루를 움켜쥐었다.

19

살기 위해 굴복하면,
살아도 남는 게 없다

사슬에 묶인 관우가 동오 진영으로 끌려왔다. 손권은 사람들을 물리게 한 뒤 조용히 말을 건넸다.

"관장, 절을 하면 살 것이다."

관우는 묵묵히 고개를 들었다. 장수와 병사들이 숨을 죽이고 바라보는 가운데, 그의 음성이 선명히 울렸다.

"살아서 굴욕을 받느니, 죽어서 의를 지키겠다."

관우는 목숨을 조건으로 삼지 않았다.

쓰러지는 그 순간에
사람이 드러난다

동오 병사들이 칼끝을 앞세워 관우를 끌고 갔다. 관우가 뒤를 돌아보지 못하게 창대가 양옆을 막고 있었다.

압송하는 길가에서 그의 부하가 묶인 손을 바라보다가 땅에 엎드려 울부짖었다.

"상공! 저희가 함께 죽겠습니다!"

관우는 묶인 손을 힘겹게 들어 그의 어깨를 붙잡아 일으켰다.

"내 몸이 죽어도, 너희는 나를 지키지 말라. 도의 길을 지켜라."

21

무너진 성은 재건할 수 있지만
무너진 마음은 되돌릴 수 없다

관우는 번성의 성루에 홀로 서 있었다. 장강에서 불어온 밤바람이 성벽에 부딪히고, 북두칠성이 검은 하늘에 치켜올랐다. 병사들의 군마 숨결이 거칠었고, 번성의 등불은 하나둘 꺼지고 있었다.

막내 장수 주창이 나아가 관우에게 조용히 말했다.

"상공, 형주를 버리고 물러서시지요."

관우는 적토마의 갈기를 쓰다듬으며 짧게 답했다.

"땅을 잃으면 다시 찾을 수 있다. 그러나 마음을 잃으면 돌아갈 곳이 없어진다."

22

도망이 아니라
나아가야 할 길이 있다

손권의 군사는 강물을 차고 있었고, 조조의 군사는 육지의 길을 틀어막아 오고 있었다. 성문 밖의 횃불이 바람에 흔들리고, 군사들의 눈빛에 두려움이 스쳤다.

장수들이 차례로 나아가 관우에게 고했다.

"상공, 지금은 물러서야 할 때입니다."

관우는 투구를 고쳐 쓰고, 손에 든 청룡언월도를 들어 하늘을 가리키며 말했다.

"가야 할 곳이 있어 걷는 것이다. 피하기 위해 걷는 것이 아니다."

23

은혜는 갚고 떠나야
길이 바로 선다

사로잡혀 끌려가는 길 위에서 관우는 눈을 감았다. 피비린내 서린 전장의 바람이 스쳐가고, 붉은 갈기 흔들리던 적토마의 울음이 멀리서 들려오는 듯했다.

조조가 그를 예로써 대우하며 군중 속에 세웠던 날, 관우의 칼날 끝은 이미 결정을 내리고 있었다.

관우는 고삐를 늦추며 조용히 말했다.

"은혜를 갚지 않은 자는 의로움도 말할 수 없다."

제갈량은 아는 것에서 멈추지 않았다. 정답을 말했으면 그 결과를 직접 짊어졌다. 승리는 위로 돌리고, 실패는 자신이 감당했다. 누구보다 슬기롭지만, 누구보다 부담이 컸다. 외로워지는 줄 알면서도 중심에 섰다. 책략은 머리로 만들었지만, 책임은 가슴으로 견뎠다. 그래서 그는 지혜로운 사람이 아니라, 끝까지 책임진 사람으로 기억된다.

2장

제갈량 편:
책임 앞에서 추호도 물러서지 않는다

[제갈량의 생애 흐름]

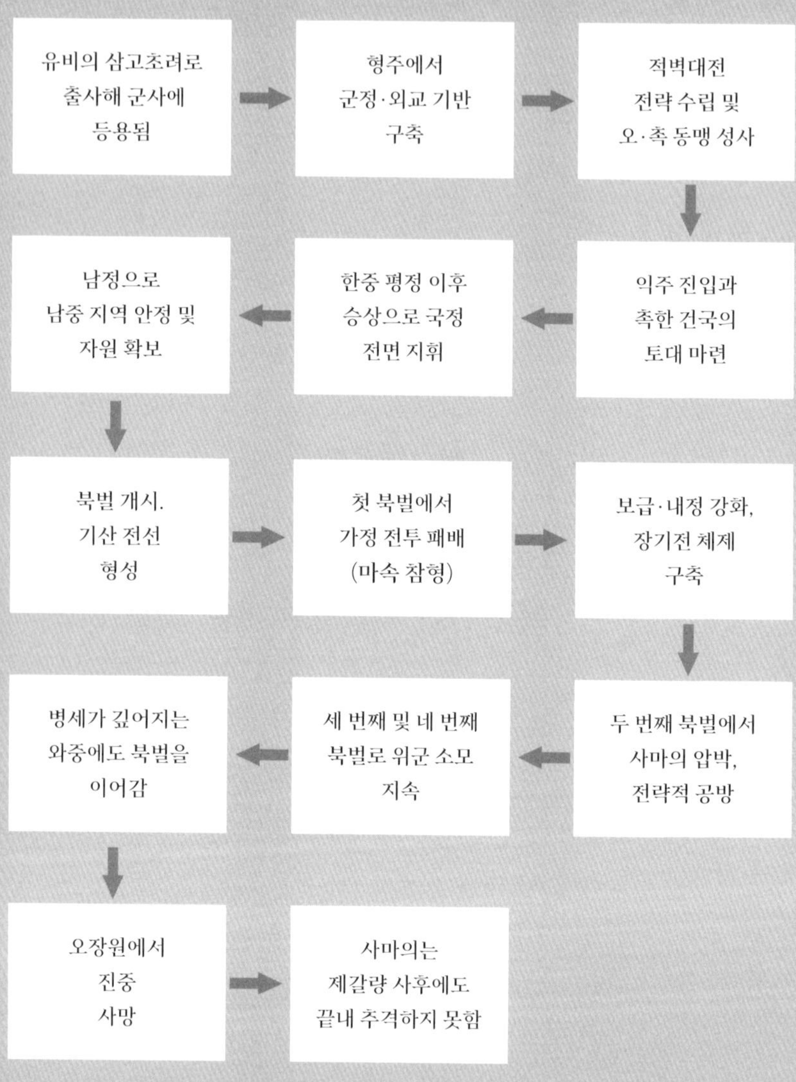

유비의 삼고초려로 출사해 군사에 등용됨
형주에서 군정·외교 기반 구축
적벽대전 전략 수립 및 오·촉 동맹 성사
익주 진입과 촉한 건국의 토대 마련
한중 평정 이후 승상으로 국정 전면 지휘
남정으로 남중 지역 안정 및 자원 확보
북벌 개시. 기산 전선 형성
첫 북벌에서 가정 전투 패배 (마속 참형)
보급·내정 강화, 장기전 체제 구축
두 번째 북벌에서 사마의 압박, 전략적 공방
세 번째 및 네 번째 북벌로 위군 소모 지속
병세가 깊어지는 와중에도 북벌을 이어감
오장원에서 진중 사망
사마의는 제갈량 사후에도 끝내 추격하지 못함

24

천하를 바꾸는 일은
한 사람을 바꾸는 데서 시작된다

형주에 머무르던 유비는 사방에서 밀려오는 소식에 밤잠을 이루지 못했다. 조조는 다시 군을 일으키려 했고, 손권은 형주를 노려 그 세를 키우고 있었다. 유비는 군사보다 사람을 먼저 얻어야 한다고 믿었다.

그래서 다시 초려를 찾아 나섰다. 대나무 숲길은 조용했고, 문은 굳게 닫혀 있었다. 두 번 찾아 비켜섰을 때도 발걸음은 멈추지 않았다. 세 번째가 되던 날, 먼지 묻은 신발이 문 앞에 멈추었다. 제갈량은 안에서 뚜벅이는 소리를 들었다. 문을 열자, 유비가 몸을 낮춰 깊이 절했다. 잠시 침묵이 흘렀다.

제갈량이 말문을 열었다.

"천하의 큰일은 군사가 아니라 마음 한 줄기에서 시작됩니다."

그날, 두 사람은 마침내 자리에 마주 앉았다.

사람을 움직이려면
그가 따라갈 미래를 보여주라

형주는 사방의 그림자가 짙어지고 있었다. 조조의 군세가 북에서 밀려오고, 손권의 기세도 날로 높아졌다. 유비는 병력과 백성을 품고도 더 머물 곳이 없었다.

조급함이 깊어지던 날, 제갈량이 지도를 펼쳤다. 손끝이 서쪽 산줄기를 따라 멈췄다.

"저기 촉이 우리를 기다리고 있다."

유비는 잠시 말이 없었다. 눈앞의 좁은 땅이 아니라, 먼 산 뒤의 나라를 바라보았다. 그날, 유비는 현실이 아니라 미래를 따라 움직였다.

26

사람을 먼저 본 자가
천하를 먼저 얻는다

초려에서 천하삼분의 뜻을 들은 날 이후, 유비와 제갈량은 며칠 동안 계곡을 오르내리며 조용히 이야기를 나누었다. 유비는 장수들의 성정을 숨김없이 털어놓았고, 백성들의 사정을 길게 들려주었다.

제갈량은 유비의 말을 한동안 듣고만 있다가, 작게 한숨을 내쉬며 말했다.

"땅을 얻는 이는 많으나, 사람을 얻는 이는 드뭅니다."

유비는 고개를 들었다. 그 말은 칼보다 무거웠고, 장수의 마음보다 깊었다.

그날 이후 유비가 다시 장수들을 부를 때, 그의 눈빛은 이전보다 분명해져 있었다. 제갈량은 말없이 그 모습을 지켜보았다.

속도보다 기초가 먼저여야
나라가 무너지지 않는다

제갈량이 처음으로 촉의 재정을 정리하던 날, 장수들은 불만을 감추지 않으며 말했다.

"왜 이리 느리고 조심합니까? 적이 코앞입니다!"

제갈량은 장부를 덮고 고개를 들며 말했다.

"나라가 무너지는 건 전쟁 때문이 아니라 준비를 소홀히 해서다."

그날 그는 군창의 곡식부터 세기 시작했다. 창문 너머에서 장수들은 탄식했지만, 제갈량은 밤이 깊어질수록 횃불을 더 가까이 당겼다.

28

계산을 다한 뒤
한 걸음은 하늘에 맡긴다

적벽강가에 진을 친 촉·오 연합군은 차가운 바람이 불기를 기다리고 있었다. 불길은 준비되었으나, 바람 한 줄기가 없었다.

장수들이 서로의 얼굴만 바라보며 속삭였다.

"바람이 오지 않으면, 이 모든 준비가 물거품이 된다."

제갈량은 밤하늘을 올려다보았다. 별빛이 강 위에 고요히 비치고 있었다. 그는 손을 들어 북동쪽을 가리키며 말했다.

"때는 계산으로 얻지 않는다. 오면 잡는 것이다."

잠시 뒤, 바람이 강 위를 스치기 시작했다.

29

패배 속에서 드러나는 마음이
진짜 힘이 된다

장판파에서 간신히 목숨을 건져 돌아온 날, 유비는 진흙과 피가 섞인 옷을 갈아입지도 못한 채 백성들의 부상자를 일일이 확인하고 있었다.

제갈량이 다가가 조용히 유비에게 물었다.

"공께서 먼저 쉬셔야 합니다."

유비는 고개를 저으며 말했다.

"내가 먼저 누우면, 사람들이 다시 일어설 수 있겠는가."

제갈량은 그 순간 무릎이 굳어지는 듯했다. 천하의 패업을 말하는 자는 많았지만, 패배 속에서 사람을 먼저 챙기는 이는 없었다.

그 밤 이후, 제갈량은 마음속으로 결심했다.

"이 사람과 함께라면, 천 번 무너져도 다시 일어설 수 있겠다."

30

승리는 한 번의 기적이 아니라
끝없는 준비의 결과다

적벽에 연합군이 진을 치고 몇 날이 지났다. 강 위에는 안개만 맴돌고, 바람 한 줄기 없었다. 낙엽 하나의 움직임에도 병사들의 숨결이 달라졌다.

사람들은 제갈량이 하늘을 움직일 것이라 속삭였다. 그러나 그는 차가운 밤마다 등불 아래서 수십 번 계산하고 또 계산하며 말했다.

"기적은 기다리는 자에게 오지 않는다. 준비한 자에게 온다."

사람들은 바람을 보았지만, 제갈량은 그날까지 쌓아온 시간을 보고 있었다.

지혜는 자리를 구하는 게 아니라
짐을 짊어지는 일이다

적벽 전투 이후, 촉의 군세는 막 새 터를 잡아가고 있었다. 새로 얻은 땅은 아직 어수선했고, 백성들은 불안에 떨며 피난 짐을 부여잡고 있었다. 장수들은 곳곳을 순찰하며 반란의 불씨를 꺼야 했고, 유비는 이 모든 혼란을 정리할 사람을 찾고 있었다.

그날, 전각에 장수들이 도열했다. 유비는 제갈량을 앞으로 불러 세우고 묵직하게 물었다.

"그대는 이 무게를 감당할 수 있겠는가?"

제갈량은 잠시 눈을 감고 숨을 고른 뒤, 고개를 숙였다. 그러나 그의 목소리는 흔들리지 않았다.

"지혜가 깊을수록, 책임은 더 무겁습니다."

32

지도자의 말 한마디는 병사 천 명의 마음을 바꾼다

북벌을 앞둔 날, 진중의 공기는 살얼음처럼 얇았다. 위나라의 군세는 거대했고, 촉의 병력은 정예였으나 수는 적었다. 밤까지 불빛만 흔들리고, 누구도 큰 소리를 내지 못했다.

그때 제갈량이 장막 밖으로 걸어 나왔다. 장수들과 병사들이 모두 일어나 허리를 굽혔다. 제갈량은 한마디만 했다.

"우리가 두려워하면 위는 강해지고, 우리가 바로 서면 위는 흔들린다."

그 말이 바람처럼 퍼지자 흩어져 있던 병사들의 숨이 하나로 모였다. 누군가는 칼을 더 꽉 쥐었고, 누군가는 떨리던 손을 내려놓았다.

33

공을 세우는 것보다
공을 지키는 게 더 어렵다

유비가 한중정벌로 한중을 얻자 성 안은 축성의 불빛으로 환해졌다. 승전의 노래가 며칠을 이어졌고, 장수들은 잔을 높이 들었다.

제갈량도 그 자리에서 잔을 받았으나 곧 내려놓았다. 그는 성벽 위에 올라 저 멀리 북쪽 하늘을 바라보며 말했다.

"성은 얻기 쉽지만, 지키기는 어렵다."

잔치의 열기는 여전했지만, 그의 마음은 벌써 다음 전장을 향하고 있었다.

34

군주의 분노를 막는 것이
진짜 충성이다

형주가 무너졌다는 급보가 들려오자 조정이 흔들렸다. 관우의 최후를 들은 유비는 자리에서 벌떡 일어서며 말했다.

"관운장이 죽었는데, 내가 어찌 앉아 있을 수 있겠는가!"

유비는 이릉으로 향하는 길을 즉시 열라고 명했다. 전군이 복수의 함성으로 술렁거렸다.

제갈량은 유비 앞에 나아가 무릎을 꿇고 머리를 숙이며 말했다.

"분노가 이끄는 전쟁은 나라를 파괴합니다."

그러나 유비의 손은 이미 검을 움켜쥐고 있었다.

35

충성은 명령이 아니라
스스로 한 맹세다

촉의 군세가 한중을 차지한 뒤, 유비는 황제에 올랐다. 그러나 백제성 전투에서 장비가 먼저 쓰러지고, 자신에게도 죽음이 가까워지고 있었다. 병상 곁으로 제갈량이 들어오자 유비는 손을 뻗어 그의 팔을 붙잡으며 말했다.

"내 아이를 도와 한실을 잇게 하라."

유비의 목소리는 낮았으나, 그 부탁의 무게는 방 안을 가득 채웠다.

제갈량은 무릎을 꿇고 머리를 숙이며 말했다.

"몸이 다할 때까지 성심을 다하겠습니다."

제갈량은 유비의 손을 끝까지 놓지 않았다.

36

진심의 말 한마디가
천 명의 칼보다 깊다

남만으로 향하던 길, 뜨거운 숲속에서 병사 하나가 탈진해 쓰러졌다. 장수는 그 병사를 질책하며 호통쳤다.

"네 이놈! 군율을 어기면 처벌받는다!"

그때 제갈량이 말을 세웠다. 그는 쓰러진 병사의 물통을 직접 들어 입에 대주었다. 그리고 장수에게 말했다.

"사람을 미워하는 데 마음을 다 써버리면, 다시 세울 마음이 남지 않는다."

병사들은 숲이 숨을 멈춘 듯한 침묵 속에 서 있었다. 그날, 제갈량의 군은 명령이 아니라 마음으로 움직이기 시작했다.

돌진이 용기일 때도 있지만
멈추는 용기도 꼭 필요하다

가정에서의 패배로 전선이 흔들리던 날, 장수들은 모두 이를 갈며 말했다.

"상국, 다시 공격해야 합니다! 이대로 물러서면 사기가 꺼집니다!"

그러나 제갈량은 조용히 지도를 접으며 말했다.

"지금의 한 걸음은 앞으로 백 걸음을 잃게 한다."

그날 밤 그는 공격이 아니라 퇴각의 길을 정리했다. 말을 돌리고 병사를 쉬게 했으며, 군량을 다시 계산했다.

이튿날 아침, 군은 흔들림 없이 줄을 맞춰 물러났다. 적은 깊이 추격하지 못했고, 촉군은 다시 숨을 고를 수 있었다.

38

전쟁은 적을 꺾는 게 아니라
사람을 얻는 것이다

남쪽에서는 반란의 기운이 거세져 가파른 산길마다 기습이 이어졌다. 촉의 깃발이 보이면 돌과 화살이 비처럼 쏟아졌다. 제갈량은 직접 진두에 섰다.

맹획을 사로잡을 때마다 그를 풀어주자, 장수들이 나아가 물었다.

"왜 원수를 놓아줍니까?"

제갈량이 대답했다.

"무릎을 꿇게 하는 것은 쉽다. 그러나 마음을 돌리는 것은 어렵다."

맹획이 일곱 번째로 붙잡힌 날, 그는 마침내 무릎을 꿇고 고개를 떨구며 말했다.

"나는 마음으로 패했다."

남쪽의 깃발이 조용히 촉나라를 향해 세워졌다.

39

패배는 능력의 문제가 아니라
뜻이 흔들릴 때 찾아온다

위나라를 향한 첫 북벌은 길고 험했다. 움직일 때마다 산세는 더 거칠어졌고, 보급이 끊기자 병사들의 눈빛도 점점 흐려졌다. 기세는 있었으나, 천리 원정은 그 기세를 잠식해갔다.

결국 가정에서의 마주침에 전세가 꺾였다. 퇴각 신호가 떨어지자 장수들이 이를 악물고 말했다.

"하늘이 우리를 버렸습니다."

제갈량은 흙먼지가 묻은 손을 내려다보았다. 그리고 손가락으로 땅을 움켜쥐며 말했다.

"성패는 하늘의 일이다. 그러나 정성은 우리의 일이다."

그는 흙을 조용히 놓고, 말을 북쪽으로 돌렸다.

40

연민이 아닌 기준 위에
신뢰를 세운다

위나라 사마의가 군을 내어 남하하자 제갈량은 요충지 가정으로 병력을 나누어 보냈다. 그 길을 지켜야 북벌의 숨이 이어질 수 있었다. 제갈량은 마속에게 당부했다.

"산을 등지고 물을 마주하라. 길을 막는 자가 승한다."

그러나 마속은 명령과 달리 산꼭대기에 진을 쳤다. 결국 물길을 잃은 군사들은 위군의 포위망에 갇혔고, 가정의 깃발은 먼지 속으로 쓰러졌다.

퇴각한 진영에서 장수들이 울며 제갈량에게 말했다.

"공은 그를 아끼지 않으십니까?"

제갈량은 칼을 거두어 들고 눈을 감으며 말했다.

"법을 버리고 나를 따른다면, 언젠가 모두를 잃는다."

명령이 떨어지자 마속은 묵묵히 무릎을 꿇었다.

41

실패는 멈춤이 아니라
길을 다시 찾는 일이다

가정이 무너지자 촉군은 물러설 수밖에 없었다. 땅도 병력도 잃고, 병사들의 눈빛에서 기운이 빠져나갔다.

밤이 깊자 제갈량은 장막 안에서 지도를 펼쳤다. 등불 아래 산줄기와 강줄기를 천천히 손가락으로 더듬으며 말했다.

"길이 막힌 것이 아니라, 길을 바꿀 때다."

그는 지도를 접고, 말없이 내일의 진군을 준비했다.

42

두려움을 이기는 건
칼이 아니라 마음이다

가정에서의 패전 소식이 진을 무겁게 짓눌렀다. 위나라의 깃발이 바람을 메울 때마다 촉군의 손끝은 미세하게 떨렸다. 전열이 흐트러지면 패주는 한순간이었다.

어둠이 내려앉은 참호 앞에서 장수들이 조용히 입을 열었다.

"상국, 두렵지 않으십니까?"

제갈량은 답 대신 북을 들고 진 앞으로 걸어 나섰다. 불빛이 그의 등 뒤로 길게 드리워졌다.

"내가 있는데, 무엇을 두려워하겠는가."

북이 울리자 흩어지던 병사들의 발이 다시 앞을 향해 움직이기 시작했다.

43

입이 아니라 일관성이
사람을 움직인다

조정에서는 모함과 의심이 끊이지 않았다. "상국의 권세가 지나치다." "군량은 어찌 그리 빠르게 소모되는가."

속말이 늘어날수록 제갈량의 어깨 위 책임도 더해졌다. 그러나 제갈량은 변명하지 않았다. 새벽마다 등불을 들고, 항상 같은 시각에 같은 발걸음으로 군창과 조정을 오갔다.

제갈량은 말했다.

"마음이 곧으면, 말은 가벼워도 된다."

그가 묵묵히 지나간 길 위로, 사람들의 판단이 조금씩 따라붙기 시작했다.

44

작은 허점 하나가
한 나라를 기어이 무너뜨린다

장안과의 거리는 멀고, 위나라의 장벽은 두터웠다. 보급길이 늘어질수록 촉군의 식량은 빠르게 얇아졌다.

어느 날 밤, 한 병사가 부주의하게 떨어뜨린 횃불 하나가 군량 창고에 불길을 옮겼다. 곡식에 불이 붙자 병사들의 얼굴은 순식간에 창백해졌다. 장수들이 달려와 고했다.

"장수의 죄를 물어야 합니다!"

제갈량은 불빛을 가만히 바라보았다. 화염이 사그라지는 동안에도 그의 표정은 변하지 않았다. 제갈량이 말했다.

"개미 구멍이 둑을 무너뜨린다."

그날 밤, 제갈량은 말없이 불탄 군량의 자리를 오래도록 서성였다.

45

이끄는 자는 공을 감추고
책임을 드러내야 한다

가정에서 물러난 뒤, 제갈량은 군을 추슬러 다시 북쪽으로 향했다. 그러나 험한 협곡과 길어진 보급선은 촉나라의 숨을 한 걸음씩 갉아먹고 있었다.

식량이 바닥을 드러내자 전선은 갑자기 멈춰 섰고, 장수들의 목소리는 서로를 향해 거칠어졌다.

제갈량이 조용히 일어서며 말했다.

"죄는 나에게 있다. 공은 그대들에게 있다."

그 순간, 흩어지던 눈빛이 다시 한 사람을 향해 모였다.

제갈량은 말머리를 북쪽으로 돌렸다. 군사들은 말없이 그 뒤를 따랐다.

46

지도자의 마음이 흔들리면
천하가 흔들린다

사마의의 군이 진군을 멈추고 기다림으로 촉군을 조여오던 북벌의 어느 날이었다. 끝이 보이지 않는 대치 속에서 보급은 줄어들고, 병사들의 눈빛도 점점 허탈해졌다. 밤바람에 횃불이 흔들리자 전열까지 함께 흔들렸다.

누군가 낮게 중얼거렸다.

"혹시… 우리가 버려진 것 아닙니까…"

제갈량이 장막에서 나왔다. 흙먼지 묻은 갑옷 자락을 털고 진 앞에 천천히 섰다.

"마음이 쓰러지면, 몸은 싸울 수 없다."

그가 한 걸음 앞으로 나서자 흩어지던 병사들의 시선이 한 곳으로 모였다. 그가 서 있는 자리 하나가, 무너짐을 막는 마지막 선이었다.

47

이끄는 자는 두려움 대신
믿음으로 조직을 세운다

가정에서 물러난 뒤, 촉군은 길고 험한 북쪽 길을 다시 오르고 있었다. 보급은 빠듯했고, 병사들의 갑옷에도 피로가 배어 있었다. 그런 밤이면 전선 곳곳에서 흔들리는 등불 하나가 나타났다.

서류를 품은 제갈량이 천천히 참호 사이를 걸어 나가는 길이었다.

"상국이시다…"

지친 입술들이 입에서 입으로 그 말을 옮겼다. 누구도 큰 소리를 내지 않았지만, 그 이름이 지나가는 곳마다 흩어지던 마음이 다시 붙었다.

제갈량이 하루 종일 편전에서 나오지 않은 날에도, 군은 그 등불 하나로 버텼다.

48

가장 깊은 전략은
상대가 모르게 하는 것이다

오장원에 머문 지 오래, 제갈량의 숨은 점점 가늘어졌다. 그러나 장막 밖에서는 횃불이 끊기지 않았다.

제갈량은 병사들이 동요하지 않도록 마지막까지 깃발의 움직임과 북소리의 리듬을 미리 정리해두었다. 장막 안에는 그가 남긴 지휘서만이 조용히 쌓여 있었다.

제갈량은 낮은 숨으로 말했다.

"적이 나를 알지 못하게 하라."

사마의는 촉군의 진영이 잠든 듯 고요한 것을 보고도 밤새 물러섰다.

새벽이 밀려올 무렵, 제갈량은 이미 눈을 감은 뒤였다.

49

삶의 끝은 멈춤이 아니라
책임을 비우는 일이다

장원에 진을 친 지 오래, 제갈량의 병세는 이미 몸을 가누기 어려울 만큼 깊어졌다. 그러나 장막 밖에서는 여전히 횃불이 흔들리고, 북소리가 밤을 버티고 있었다.

숨이 넘어가는 밤, 그는 천천히 몸을 일으켰다. 등불을 가까이 당기고 붓을 들어 남은 군무와 장부를 하나하나 정리해 내려갔다. 패전의 책임도, 승전의 공도, 모두 자신의 이름 아래 두었다.

제갈량은 낮지만 단호하게 읊조렸다.

"몸은 다했으나, 해야 할 일은 아직 끝나지 않았다."

동이 틀 무렵, 마지막 장부를 덮는 순간 그는 천천히 붓을 내려놓았다. 등불이 그의 뒷모습을 길게 비추었다.

그가 세상을 떠난 자리에는 기록만 남았다.

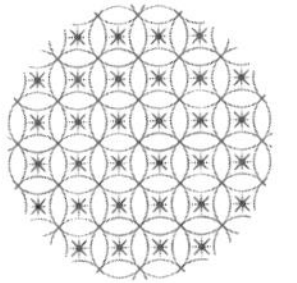

조조는 승리에서 자만하지 않았고, 패배에서 무너지지 않았다. 이길 수 있다면 이기고, 질 것 같다면 먼저 물러났다. 사람을 의심하면서도 사람을 썼고, 충돌을 두려워하면서도 공격을 멈추지 않았다. 욕을 먹어도 군을 살릴 수 있다면 그 길을 택했다. 그래서 그는 잔혹한 영웅이 아니라, 끝까지 패하지 않은 이가 되었다.

3장

조조 편:
승리보다 중요한 것은 패하지 않는 것이다

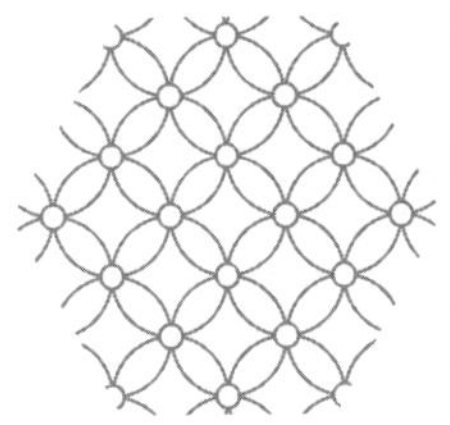

[조조의 생애 흐름]

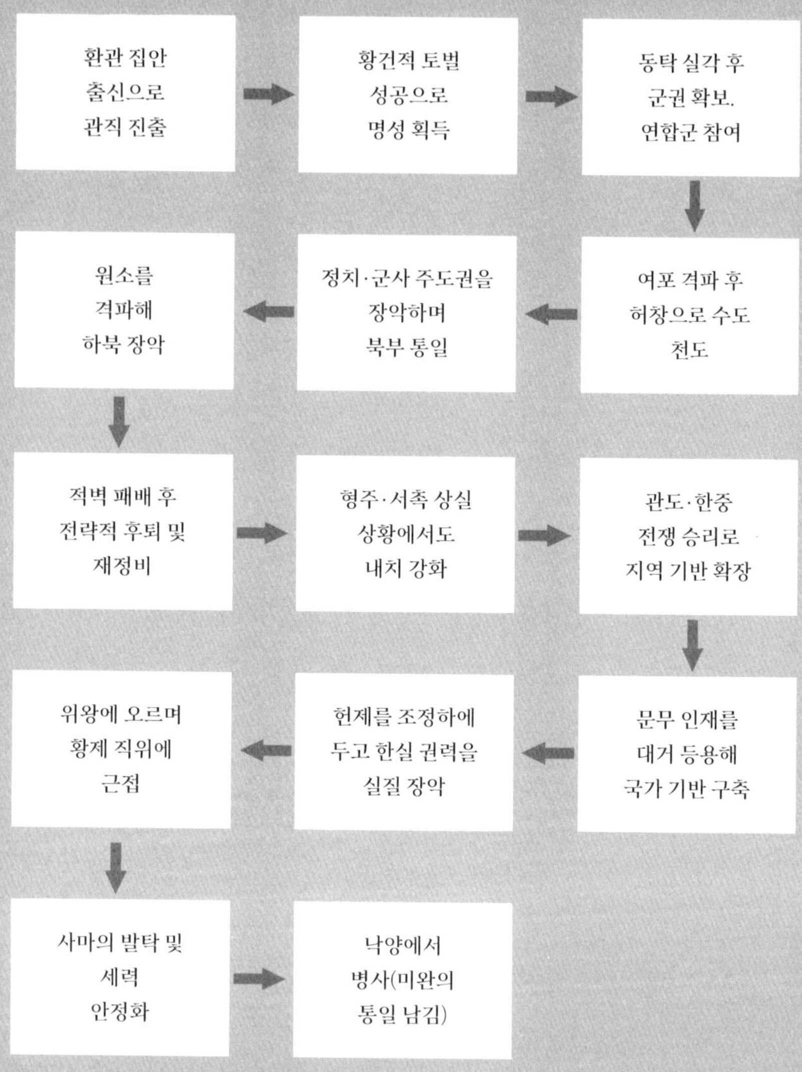

환관 집안 출신으로 관직 진출
황건적 토벌 성공으로 명성 획득
동탁 실각 후 군권 확보. 연합군 참여
여포 격파 후 허창으로 수도 천도
정치·군사 주도권을 장악하며 북부 통일
원소를 격파해 하북 장악
적벽 패배 후 전략적 후퇴 및 재정비
형주·서촉 상실 상황에서도 내치 강화
관도·한중 전쟁 승리로 지역 기반 확장
문무 인재를 대거 등용해 국가 기반 구축
헌제를 조정하에 두고 한실 권력을 실질 장악
위왕에 오르며 황제 직위에 근접
사마의 발탁 및 세력 안정화
낙양에서 병사(미완의 통일 남김)

두려움을 넘는 자가
인재를 얻는다

관도 전투가 끝난 뒤, 허창까지 이어진 평야는 불길이 꺼진 냄새와 피비린내로 가득했다. 원소의 크고 화려했던 깃발은 이미 먼지 속에 쓰러졌고, 살아남은 장수들은 쇠사슬에 묶인 채 끌려왔다. 무릎이 바닥에 닿는 소리가 연회장 마루를 울렸다. 그들은 두려움에 떨며 눈조차 들지 못했다.

조정의 신하들이 앞다투어 외쳤다.

"원한을 씻어 원씨의 잔당을 모두 제거해야 합니다!"

조조는 잠시 등을 돌린 채 그들의 얼굴을 살폈다. 패한 자의 얼굴이 아니라, 쓰일 자의 눈이었다.

조조는 손에 들고 있던 잔을 천천히 내려놓으며 말했다.

"나는 하늘을 두려워하지, 사람을 두려워하지 않는다."

원소의 장수들은 사형대로 끌려가지 않았다. 그들의 발끝은 조조의 군문을 향해 조용히 돌려졌다.

51

두려움은 사람을 굴복시키지만
용서는 마음을 굴복시킨다

조조가 관도에서 원소를 꺾은 뒤, 원담과 원상은 다시 반란을 일으켰다. 결국 두 형제는 사로잡혀 쇠사슬에 묶인 채 조조 앞에 무릎을 꿇었다. 그들의 눈에는 아직 분노의 불씨가 꺼지지 않고 남아 있었다.

신하들이 목소리를 높였다.

"두 형제는 반드시 보복할 것입니다. 뿌리째 없애야 합니다!"

조조는 잠시 그들을 내려다보다가 가볍게 웃으며 말했다.

"나는 원씨의 자식을 다스리는 것이 아니라, 천하를 다스린다."

사슬은 풀렸고, 두 형제는 말없이 물러섰다.

그날 이후, 북방은 오래도록 조용했다.

의로움은 때로 손해를 부르고, 이로움은 나라를 살린다

허창의 조정은 오래된 전란으로 숨이 가빠져 있었다. 창고는 비어가고, 백성들의 곡식 항아리도 바닥을 드러냈다.

그날 회의장에서 유학자들이 나서 목소리를 높였다.

"세금을 줄이고, 백성을 편히 하소서. 옳은 도리가 먼저입니다."

말마다 도덕의 이름이 붙어 있었다.

그러나 조조는 그 말들 너머의 겨울을 보고 있었다. 그는 천천히 자리에서 일어나 조정을 둘러보며 말했다.

"나라가 있어야 도리도 있다. 굶주린 배 앞에서 의는 힘이 없다."

순간 장내가 얼어붙었다. 반발은 거셌고, 원망도 따랐다. 그러나 명령은 바뀌지 않았다.

그해 겨울, 허창의 곡식 창고에는 다시 연기가 올랐다.

53

두려움이 먼저고,
통치는 그다음이다

허창의 밤은 조용했지만, 그 조용함은 평화가 아니라 불신의 그림자였다. 몰래 퍼지는 소문이 있었다. "누가 칼을 갈고 있다." "조정을 뒤집을 음모가 있다." 소문 하나가 불길처럼 번지자 병사들의 눈빛도 흔들리기 시작했다.

조조는 곧바로 결단했다. 반역을 의심받은 무리들을 한밤중 성문 앞으로 끌어내게 했다. 횃불이 솟구치고, 그림자들이 땅 위에 길게 늘어섰다.

정욱이 숨을 고르며 말했다.

"주공, 백성들이 주공을 두려워하게 될 것입니다."

조조는 미동도 없이 칼끝을 내려다보며 말했다.

"사람이 나를 두려워해야, 나는 비로소 잠을 잔다."

그날 밤, 누구도 움직이지 않았다. 허창은 다시 조용해졌다.

54

모략은 칼보다 깊고,
승부는 보이지 않게 갈린다

관도 승리 후, 조조는 북방을 단단히 움켜쥐고 있었다. 그러나 그의 눈은 멀리 강동을 향하고 있었다. 그곳에서는 손책이 세력을 키우고 있었다.

어느 날, 조조는 조용히 붓을 들었다. 강동으로 향하는 전령에게 은밀한 서신 한 장을 맡겼다.

"형이 무너지면, 아우도 흔들린다."

그 한 줄은 칼이 아니었다. 사람의 마음을 갈라놓는 말이었다. 얼마 지나지 않아 강동의 조정이 술렁이기 시작했다. 젊은 손권이 자리를 떠안았지만, 그를 둘러싼 장수들의 시선은 한 방향으로 모이지 않았다.

동오가 흔들리는 동안, 조조는 북쪽에서 움직이지 않았다. 그는 칼을 뽑지 않고도 전장을 넓혔다.

의심은 권력의 그림자이고, 그림자는 결코 떠나지 않는다

허창의 밤은 적막했다. 연회가 끝나고 모두 잠든 뒤에도, 조조는 칼을 가슴에 안은 채 눈을 감지 못했다. 관도에서 승리해 천하가 가까워졌지만 그때부터 오히려 잠자리가 더 힘해졌다. 오랜 벗도, 가장 가까운 장수도 욕망 앞에서는 믿을 수 없었다. 권력을 움켜쥔 손만큼 의심은 깊게 파고들었다.

곁에서 지키던 신하가 조심스레 물었다.

"주공, 무엇을 두려워하십니까?"

조조는 문밖 어둠을 향해 천천히 시선을 들었다.

"사람이 많으면 믿기 어렵고, 믿으면 위험하다."

조조는 그 밤도, 칼을 놓지 않았다.

56

진짜 승부는 칼이 아니라
눈빛에서 시작된다

허창의 연회는 웃음으로 가득했다. 술과 음악, 찬란한 조명이 두 영웅의 경계를 잠시 감춘 듯했다. 조조가 잔을 들고 천천히 유비를 향해 고개를 돌렸다. 번개가 창문을 밝히는 순간, 조조의 눈이 유비의 눈을 깊게 찔렀다. 조조가 말했다.

"천하의 영웅은 오직 그대와 나뿐이다."

순간 천둥이 성을 흔들었다. 유비의 손에서 숟가락이 '딱' 하고 바닥에 떨어졌다. 짧은 침묵이 흘렀다. 조조는 미소로 그것을 덮었다.

유비는 고개를 숙인 채 숟가락을 주워 들었다. 땀이 손등을 적셨다. 조조는 웃고 있었지만, 눈동자 깊은 곳에는 끝까지 거두지 않은 날이 남아 있었다.

그날, 둘은 술잔을 마주 올렸다. 그러나 서로가 보고 있던 것은 잔이 아니라 상대의 마음이었다.

모든 길은
살고자 하는 자에게 열린다

적벽의 밤, 강 위는 지옥이었다. 화공의 불길이 물결을 타고 번지자 철갑도 불덩이가 되어 물속으로 가라앉았다. 울부짖는 말, 불타는 돛대, 하늘과 물 사이에 연기만 가득했다. 퇴로라 여긴 길은 이미 진흙과 죽음으로 막혀 있었다.

병사들이 절망 섞인 외침을 터뜨렸다.

"주군! 이제 끝입니다!"

조조는 진흙에 쓰러진 몸을 이를 악물고 일으키며 한 걸음을 뗐다.

"죽음을 두려워하면 죽고, 살고자 하면 산다."

그는 패주 속에서도 길을 찾았다. 살겠다는 불굴의 의지가, 살아남을 질서를 다시 세우기 시작했다.

58

지금의 패배는
운명의 한 줄일 뿐이다

적벽을 벗어나 달리던 길, 진흙탕은 발목을 잡고 바람은 등에 칼을 꽂았다. 불길은 멀리서 쫓아오듯 번져왔고, 병사들의 숨은 점점 거칠어졌다.

갑자기 조조의 말발굽이 깊게 빠졌다. 군사들이 다급히 달려오자 조조는 손을 들어 그들을 세웠다.

잠시, 그는 하늘을 올려다보았다. 연기 사이로 흐릿한 별 하나가 떨리고 있었다. 조조는 말했다.

"하늘이 나를 망하게 하려 하니, 내가 어찌하겠는가."

그러나 곧 조조의 입가에 묘한 웃음이 스쳤다.

"아직은 아니다."

그는 진흙 속에서 칼을 천천히 뽑아 들었다.

실패는 깃발에서 시작되지 않고
마음에서 시작된다

도주해 허창에 돌아온 새벽, 승상부 앞마당에는 패전의 흔적들이 쌓여 있었다. 검게 그을린 깃대, 잘린 말고삐. 조조는 불에 탄 깃발 사이를 천천히 걸었다.

한 장수가 고개를 떨군 채 중얼거렸다.

"적벽이… 우리를 끝냈습니다."

조조는 대답 대신 손에 닿는 첫 깃대를 들어 올렸다. 목재는 검게 부서졌고 문양은 보이지도 않았다. 그러나 그는 그 잔해를 오래 바라보며 말했다.

"불은 꺼졌으나, 마음의 재는 남았다."

조조는 깃대를 옆으로 던지고, 허리의 칼을 천천히 뽑아 들었다. 그의 손은 흔들리지 않았다.

60

감정은 군주의 사치이자
패자의 위안이다

적벽 패주 뒤, 허도로 돌아온 밤이었다. 패잔병들이 성밖에 모여 앉아 낮은 목소리로 노래를 불렀다. 살아 돌아온 것만으로도 감사해 울음을 삼키는 노랫소리였다.

조조는 안에서 홀로 술잔을 들고 있었다. 문틈으로 스며드는 병사들의 노랫소리가 잠시 그의 마음에 균열을 냈다. 그는 잔을 내려놓으며 낮게 말했다.

"감정은 나약한 자의 안식처다."

조조는 다시 술을 들었다.

그 밤, 왕에게 허락된 것은 판단뿐이었다.

때로는 거짓도
진실을 위한 도구가 된다

적진 깊숙이 잠입했던 첩자 하나가 밤중에 돌아왔다. 옷은 찢어졌고, 온몸은 피투성이였다. 신하들이 칼을 뽑아 들고 외쳤다.

"적에게 팔린 자입니다. 주공을 판 정황이 분명합니다. 목을 베어야 합니다!"

첩자는 떨며 아무 변명도 하지 못했다.

조조는 그의 손에 쥐어진 종잇조각으로 시선을 옮겼다. 혈흔으로 얼룩진 글씨 사이로 적 장수들의 불화와 이동의 흔적이 어지럽게 적혀 있었다.

조조가 낮게 말했다.

"거짓은 때로 진실보다 많은 것을 말한다."

조조는 그 종이를 접어 품에 넣었다. 곁에 있던 전령에게 고개를 끄덕였다. 전령은 조조의 명령을 품고 곧바로 말을 돌렸다.

62

지혜는 순결하기보다는
끝없는 자기 의심이다

관도에서 승리한 뒤, 허창에서는 큰 연회가 열렸다. 술이 흐르고 장수들의 웃음이 천장을 울렸다. 모두가 승리의 주역이라며 조조의 잔을 높이 들었다.

그러나 조조는 천천히 잔을 내려놓았다. 술기운이 아닌 다른 무게가 손끝에 남아 있었다. 그는 거의 들리지 않을 만큼 낮게 말했다.

"지혜란 끝없이 자신을 의심하는 병이다."

그 밤, 장수들은 깊이 잠들었다. 승상부의 등불 하나만이 끝내 꺼지지 않았다.

63

인재는 믿는 것이 아니라
형세 위에 세워 쓰는 것이다

조조는 조비와 조식을 나란히 세우고, 두 아들의 기운을 오래 바라보았다. 조식은 한 번 붓을 들면 천둥처럼 문장이 흘러나왔고, 조비는 조용하지만 권세를 다루는 법을 알고 있었다.

조조는 내부의 속삭임과 외부의 눈치를 모두 끊어내듯 말했다.

"사람은 변한다. 그러나 형세는 거짓말하지 않는다."

조조는 조식의 빛을 아꼈다. 그러나 제국을 붙들 손은 따로 있었다.

그는 시선을 조비에게 두고, 천천히 고개를 끄덕였다. 그날, 말보다 먼저 자리가 정해졌다.

64

지도자는 욕을 먹기에
나라를 지킨다

관도 전역이 길어지며 조조의 군량은 바닥나고, 백성들의 짐은 더 무거워졌다. 원소와 맞서 천하의 주도권을 다투는 전쟁이었으나, 백성들은 싸움의 이유보다 삶의 고단함을 먼저 느꼈다.

"조조는 간웅이다!" "천하를 속이는 자다!" 혹독한 군정은 백성들의 원망을 낳았다. 조조는 그 소리를 모두 들은 뒤에도 담담했다.

"내 악명이 백성을 살린다면, 그것으로 족하다."

그는 다시 군량 장부를 펼쳤다.

65

권력은 '때'를 잃는 순간
모래처럼 흩어진다

모든 장수들이 잠든 승상부의 새벽, 조조는 홀로 기록실의 등불 아래 서책을 정리하고 있었다. 전쟁의 시기와 인사의 흐름, 제후들의 동향을 밤마다 적어두며 스스로를 다잡았다. 그리고 조용히 중얼거렸다.

"때를 놓치면 백 번의 공도 소용없다."

관도 전쟁 직전에도, 장안 정벌을 앞두고도 그는 이 '때'를 살피느라 잠을 줄였다. 세상은 한순간 방심한 자부터 집어삼킨다는 것을, 그는 너무 많이 보아왔다.

66

한 사람의 완벽함을
하늘은 오래 허락하지 않는다

장합과 서황이 잔여 병력을 수습하고, 조조가 친히 한중 전선을 정리해 돌아온 뒤였다. 병이 깊어지자 조조는 병상에 누운 채 천장을 오래 바라보았다. 험준한 산악을 넘나들며 지휘하던 기억은 아직 뜨거웠지만, 몸은 더는 그 속도를 따라오지 못했다.

조조는 조용히 웃으며 말했다.

"운명은 나의 적이다. 나는 이 적을 끝내 이기지 못하리라."

그는 더 말하지 않았다.

천하를 얻는 일보다
마음을 다스리는 일이 더 어렵다

임종이 가까워지자 조조는 조비를 침상 곁으로 불렀다. 권력의 향기를 일찍 알아버린 아들이 신하들을 압박하고, 형제들을 경계한다는 소문이 조조의 귀에도 닿아 있었다.

조조는 숨을 고르며 아들의 얼굴을 오래 바라보다가 말했다.

"나라를 다스리기보다, 너의 마음을 먼저 다스려라."

조조는 천하의 혼란보다, 야망이 사람을 안에서부터 무너뜨리는 일을 더 두려워했다.

68

야망은 자신의 죽음조차
계획에 포함시킨다

임종을 앞둔 마지막 밤, 조조는 신하들을 가까이 불러 조용히 명을 내렸다. 그의 병세는 이미 숨이 옮겨가듯 흔들렸지만, 눈빛만큼은 전쟁터의 장수처럼 또렷했다.

밖에서는 조비·조식 형제가 미묘하게 힘을 겨루고 있었고, 조조는 그 긴장을 누구보다 먼저 읽었다. 그는 마지막 숨을 고르며 말했다.

"내 죽음을 숨기고, 국정을 어지럽히지 마라."

조조는 자신의 죽음조차 제국을 흔드는 위험으로 보았다. 한순간의 소문이 반란을 부르고, 장례의 혼란이 권력을 뒤흔들 수 있음을 그는 너무 잘 알고 있었다.

조조는 죽음을 두려워하지 않는 자였다. 그가 두려웠던 것은 오직 천하가 흔들리는 것뿐이었다.

유비는 패배가 많았지만 한 번의 패배도 그의 의지를 꺾지 못했다. 그는 늘 진심으로 사람의 마음을 먼저 세워주었고, 상대가 어떤 사람으로 살고 싶은지를 존중했다. 유비는 뛰어난 전략가도 아니었고, 압도적 강자도 아니었다. 그러나 누구보다도 혼돈의 시대에 오래 버텼고, 가장 멀리 걸어갔다.

4장

유비 편:
상대의 마음을 진심으로 먼저 세워준다

[유비의 생애 흐름]

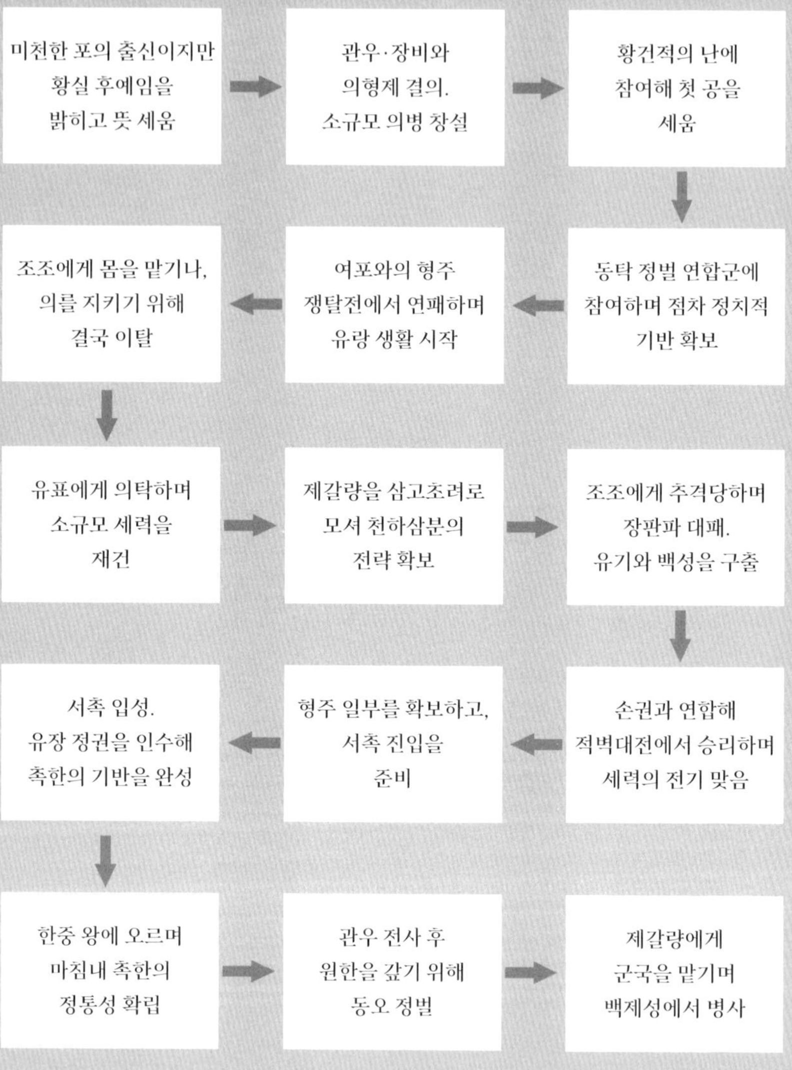

미천한 포의 출신이지만 황실 후예임을 밝히고 뜻 세움
관우·장비와 의형제 결의. 소규모 의병 창설
황건적의 난에 참여해 첫 공을 세움
동탁 정벌 연합군에 참여하며 점차 정치적 기반 확보
여포와의 형주 쟁탈전에서 연패하며 유랑 생활 시작
조조에게 몸을 맡기나, 의를 지키기 위해 결국 이탈
유표에게 의탁하며 소규모 세력을 재건
제갈량을 삼고초려로 모셔 천하삼분의 전략 확보
조조에게 추격당하며 장판파 대패. 유기와 백성을 구출
손권과 연합해 적벽대전에서 승리하며 세력의 전기 맞음
형주 일부를 확보하고, 서촉 진입을 준비
서촉 입성. 유장 정권을 인수해 촉한의 기반을 완성
한중 왕에 오르며 마침내 촉한의 정통성 확립
관우 전사 후 원한을 갚기 위해 동오 정벌
제갈량에게 군국을 맡기며 백제성에서 병사

69

큰 일은 힘센 칼보다
먼저 마음을 얻을 때 시작된다

서주 일대는 황건의 난 여파로 질서가 무너져 있었다. 관리는 성문을 닫았고, 백성은 무기를 들었고, 길 위에는 떠도는 사람이 늘었다. 유비는 의지할 군세도, 내세울 벼슬도 없었다. 다만 난세에 휩쓸리는 사람들을 더는 두고 볼 수 없었다.

서주 북문 밖의 허름한 주막에서 유비는 장비를 만났다. 장비는 돼지 두 마리를 몰고 와 술을 빚고 있었고, 유비는 해진 삼베 옷차림으로 조용히 맞은편에 앉았다. 그때 전란을 피해 떠돌던 관우가 주막에 들어섰다.

술이 돌기도 전에 장비가 먼저 입을 열었다.

"세상이 이처럼 어지러우니, 한 번 큰일을 해보시지요."

유비는 잔을 들며 진심을 담아 말했다.

"내가 취하고자 하는 것은 그대들의 힘이 아니라, 그대들의 마음이다."

70

사람을 버리지 않는다는 선택을
절대로 바꾸지 않는다

여포가 서주를 노리고 군사를 이끌어왔을 때, 유비는 먼저 칼을 들지 않았다. 병력도, 성도 충분하지 않았다. 유비는 여포를 성 안으로 들였다. 여포는 잠시 유비의 태도에 응했다. 그러나 오래가지 않았다. 기회를 엿보던 여포는 성문을 기습했고, 백성들은 위협에 내몰렸다.

시간이 지나 여포가 다시 도움을 구했을 때, 유비는 그를 조롱하거나 모욕하지 않았다. 그러자 장비가 외쳤다.

"형님, 이런 자를 왜 또 상대하십니까!"

유비는 잠시 침묵하다가 말했다.

"사람을 미워하는 데 마음을 다 써버리면, 다시 세울 마음이 남지 않는다."

여포는 끝내 배신으로 생을 마쳤다. 그러나 그 과정에서 유비는 한 번도 사람을 대하는 기준을 바꾸지 않았다.

믿음은 힘없는 자의
마지막 무기다

세력이 흩어진 뒤, 유비는 더 머물 곳이 없었다. 의지하던 기반은 무너졌고, 패배의 책임을 떠넘기는 말들이 주변을 맴돌기 시작했다. 밤길을 피해 그는 허도로 몸을 옮겼다. 의지할 병력도, 지켜줄 세력도 없었다.

허도에 도착하자 조조는 그를 귀빈처럼 맞아 술자리를 열었다. 말과 태도는 정중했고, 천하를 함께 도모하자는 제안도 곧이어 나왔다.

"유황숙, 천하를 함께 나누어봅시다."

유비는 잔을 내려놓고 담담히 말했다.

"조공의 은혜는 큽니다. 그러나 나는 한실의 신하입니다."

힘이 없던 그는 자리를 옮겼지만, 기준은 옮기지 않았다. 믿음 하나로 버티는 길이었고, 그 믿음이 그를 다시 걷게 했다.

비록 느리게 가지만
결코 길을 잃지 않는다

조조의 군세가 북쪽에서 밀려오고, 곳곳의 성은 문을 닫기 시작했다. 유비가 기대던 세력도 더는 그를 품기 어려웠다. 병력은 흩어졌고, 밤마다 진영에서 사람이 사라졌다.

허창으로 향하는 길에 남은 것은 말 몇 필과, 끝까지 떠나지 못한 백성 몇 사람뿐이었다.

장비가 술기운을 못 이겨 소리쳤다.

"형님, 이게 무슨 꼴입니까? 우리는 언제까지 도망만 다녀야 합니까?"

유비는 흐르는 강물을 바라보며 천천히 말했다.

"조조는 앞서 달리고, 손권은 강동을 지킨다. 나는 늦다. 그러나 나는 길을 잃지 않았다."

사람을 먼저 세우는 자가
마음을 먼저 얻는다

전란으로 길이 끊긴 때였다. 성은 닫히고, 군벌은 땅을 다투었으며, 백성들은 붙잡을 곳 없이 떠돌고 있었다. 유비의 무리는 군이라 부르기 어려울 만큼 작았고, 뒤에는 피란민의 행렬이 길게 늘어서 있었다. 싸우기보다 먼저 살 길을 찾아 이동하던 길이었다.

백성들은 짐을 이고 지며 뒤따랐고, 그중 한 노파가 무거운 짐을 견디지 못해 길가에 주저앉았다. 장수들이 서둘러 행군을 재촉했지만, 유비는 말을 멈추고 직접 내려 노파의 짐을 들어 올렸다.

"내가 먼저 가면, 저 사람들은 따라올 수 없다."

유비는 백성의 걸음보다 앞서지 않았다. 백성의 걸음에 속도를 맞췄다.

마음을 지켜주는 사람이
결국 마음을 얻는다

조조의 대군이 강물처럼 쏟아져 내려오던 날, 장수들이 고함쳤다.

"공, 이러다 모두 죽습니다! 백성은 버리고 가야 합니다!"

유비는 대답하지 않았다. 울며 아이를 끌어안고 있던 여인 앞으로 다가가, 겁에 질린 손을 붙잡고 말했다.

"나를 따라오시오. 끝까지 함께 가겠소."

말발굽 소리가 땅을 울리고, 자갈과 비명이 뒤섞이는 가운데서도 유비는 마지막까지 뒤를 돌아보며 행렬의 끝을 지켰다.

그 모습을 본 장비가 말머리를 돌려 장판교에 서서 칼을 뽑아 들고 외쳤다.

"형님이 사람을 버리지 않았으니, 나는 형님을 버리지 않는다!"

그날, 유비는 승리로 부하를 얻지 않았다. 지켜낸 마음 하나가, 한 사람의 결단을 불러냈다.

사람을 얻는 일은 멀기에
서두름보다 기다림이 만든다

형주에 몸을 의탁한 뒤, 유비는 군도 땅도 제대로 갖지 못한 처지였다. 조조의 추격이 잠잠해지자 그는 곧장 제갈량의 이름을 찾기 시작했다. 주변 인물들은 젊은 선비 하나에 지나지 않는다며 말렸지만, 유비는 마음속에 이미 함께할 사람을 정해두고 있었다.

초가집에 눈보라가 창틈을 흔들었다. 유비는 이미 두 번이나 헛걸음을 했다. 장비가 팔짱을 끼고 투덜거렸다.

"그 젊은 선비 하나 만나려고 이 고생을 한다고요?"

유비는 털옷을 여미고 문을 두드렸다.

"큰 뜻을 함께할 사람은 기다려도 된다."

세 번째 두드림에 문이 열렸다. 유비는 깊이, 더 깊이 제갈량에게 허리를 숙였다. 그 한 번의 절로, 천하삼분의 서막이 열렸다.

의로움이 먼저 있고,
전쟁은 그 뒤에 온다

세 번의 방문이 모두 헛걸음이었을 때, 주변은 더는 참지 못했다. 장수들 사이에서도 말이 돌았다.

"선비 하나에게 몸을 낮추면, 군의 기세가 꺾입니다."

유비는 조용히 고개를 저었다. 그는 전장을 여는 계책이 아니라, 전장을 끝까지 견딜 뜻을 찾고 있었다. 군사가 모이는 건 시간이지만, 뜻이 모이는 건 사람이라는 것을 알고 있었다.

세 번째 날, 문이 열렸다. 유비는 곧바로 허리를 숙였다. 오래 버티던 장수들의 숨이 흔들렸다. 누군가는 눈을 피했고, 누군가는 이를 물었다.

방 안은 고요했다. 제갈량이 지도를 펼치고, 강과 산을 짚어가며 천하의 갈림길을 하나씩 꺼냈다.

유비는 한참 동안 말이 없었다가, 마침내 입을 열었다.

"싸움을 잘하는 법이 아니라, 나라를 세우는 길을 듣고 싶소."

77

마음을 잃지 않는 사람이
끝까지 간다

형주를 얻은 뒤, 유비의 진영은 비로소 발붙일 땅을 마련했다. 오랫동안 떠돌던 군은 성 안에 자리를 잡았고, 장수들은 깃발이 걸린 날을 승리로 받아들였다.

형주에 깃발이 걸린 날, 장수들은 기뻐 밤에 눈을 감지 못했다. 그러나 유비는 잔치를 서두르지 않고 성문 밖으로 걸어 나갔다. 길가에는 피난민이 남아 있었고, 집을 잃은 백성들의 울음이 끊이지 않았다.

유비는 그 소리를 한참 듣다가 조용히 말했다.

"땅은 사람을 위해 있고, 사람은 땅을 위해 있는 것이 아니다."

그 말에 환호가 멈췄다. 그날 유비는 성을 얻은 것이 아니라, 백성의 마음을 먼저 지키는 쪽을 택했다.

78

신의는 땅보다 무겁고,
권력보다 길다

형주를 차지한 뒤, 유비의 진영은 처음으로 안정된 근거지를 갖게 되었다. 오랜 유랑 끝에 깃발을 세운 자리였고, 장수들은 이를 새로운 시대의 시작으로 받아들였다.

조조의 사신이 찾아와 유비에게 말했다.

"이제 그대도 스스로 왕이 되십시오."

유비의 표정은 변하지 않았다.

"한실이 아직 남아 있다. 내가 어찌 스스로 왕이라 하겠는가."

그 말에 장비가 주먹을 움켜쥐었다.

"형님, 언제까지 남의 이름을 빌리십니까."

유비는 포구 쪽을 바라보았다. 비를 피해 모여든 백성들이 말없이 비탈 아래에 서 있었다. 잠시 뒤, 유비가 입을 열었다.

"나는 왕관을 얻으려는 것이 아니다. 사람들의 믿음을 먼저 잃지 않으려 할 뿐이다."

신의로 지킨 땅은
언젠가 다시 돌아온다

형주를 차지했지만, 유비의 처지는 여전히 불안정했다. 북쪽에서는 조조와의 대치가 이어졌고, 남쪽에서는 손권이 형주의 향방을 예의주시하고 있었다. 형주는 막 전쟁을 피한 땅이었고, 어느 쪽으로 기울어도 다시 전장이 될 수 있는 자리였다.

손권의 사신들은 수시로 드나들며 형주 이야기를 꺼냈다. 말은 우호적이었지만 속뜻은 분명했다. 형주는 "빌려 맡긴 땅"이니 언젠가 돌려받아야 한다는 계산이었다. 마침내 손권은 노골적으로 말했다.

"그 땅은 결국 내 것이 될 것이오."

장비는 의자를 걷어차며 목소리를 높였다.

"왜 그토록 애써 얻은 형주를 내주십니까!"

유비는 흔들리지 않았다.

"내가 주는 것은 땅이 아니다. 약속이다."

권좌 위에 세워지는 명분은
가벼워서는 안 된다

익주를 평정하기까지는 오랜 시간이 필요했다. 유장의 군세는 곳곳에서 저항했고, 성을 하나씩 넘는 과정은 쉽지 않았다. 전투가 거듭될수록 유비의 군은 승리에 익숙해졌고, 장수들 사이에는 기세가 먼저 앞서기 시작했다.

마침내 성문이 열리고 익주가 손에 들어오자, 진지는 연승의 함성으로 가득 찼다. 장수들은 그날을 촉의 전환점으로 여겼다.

익주를 차지한 자리에서 누군가 외쳤다.

"폐하, 이제 천하의 절반을 얻으셨습니다."

유비는 손을 들어 말을 막았다.

"나는 여전히 한 사람의 신하일 뿐이다."

그는 승리의 크기보다, 그 과정에서 흘린 피의 무게를 먼저 보고 있었다.

81

패배는 길을 잃는 게 아니라
길을 바꾸는 것이다

형주 일부를 확보했지만, 유비의 세력은 여전히 미약했다. 조조의 압박은 계속됐고, 동오와의 관계도 안정적이지 않았다. 더이상 머무를 수 없는 상황에서, 유비의 시선은 서촉으로 향했다.

그러나 서촉으로 들어가는 길은 쉽지 않았다. 유장 세력은 성문을 걸어 잠갔고, 산성마다 병력이 웅크리고 있었다. 보급은 끊겼고, 군사들은 굶주림에 지쳐 밤마다 쓰러졌다. 첫 서촉 진입은 시작부터 막혀 있었다.

장수들이 나섰다.

"공, 이 길은 막혔습니다."

유비는 말없이 흙을 주먹에 쥐었다가 천천히 입을 열었다.

"막힌 길은 다른 길을 찾으라는 뜻이다."

그는 그 자리에서 물러서지 않았다. 방향을 바꿔 다시 길을 잡았다. 잠시 멈췄던 군세도, 다시 그 뒤를 따라 움직이기 시작했다.

큰 뜻을 지닌 자는
작은 승리를 두려워한다

익주를 얻은 뒤, 촉의 진영은 빠르게 달아올랐다. 오랜 유랑 끝에 마침내 근거지를 확보했고, 연이은 전투의 승리로 장수들의 사기는 최고조에 이르렀다. 백성들 사이에서도 "이제 촉한의 시대가 열렸다"는 말이 자연스럽게 오갔다.

서촉을 완전히 손에 넣은 날, 진지는 환호로 가득 찼다. 공을 세운 장수들은 서로의 어깨를 두드렸고, 승리의 소리는 밤늦도록 산성 곳곳에 울려 퍼졌다.

그러나 유비는 그 자리에 오래 머물지 않았다. 그는 환호에서 한 발 물러서 조용히 한숨을 내쉬었다.

"이김이 너무 빠르면, 하늘은 쉽게 움직이지 않는다."

유비는 승리 그 자체보다, 그 속도가 남기는 균열을 먼저 보고 있었다.

83

정의의 칼은 나라를 지키지만
분노의 칼은 자신을 벤다

관우가 형주에서 고립되었다는 소식이 이어지던 날들, 유비의 마음은 점점 가라앉지 않았다. 전령들은 하루에도 몇 차례씩 형주의 상황을 전했고, 말끝마다 전황은 더 나빠지고 있었다.

마침내 새벽 안개를 가르며 전해진 한 줄의 보고가 있었다. 관우가 전사했다는 소식이었다. 그날 밤, 유비는 잠자리에 들지 않았다. 말없이 성벽을 돌며 밤을 보냈다.

제갈량이 곁에 다가와 낮은 목소리로 말했다.

"복수는 순간이지만, 정의는 오래갑니다."

유비는 눈을 감은 채 대답했다.

"형제가 죽었는데, 내가 어찌 편히 앉아 있을 수 있겠는가."

그의 선택은 이미 정해져 있었다. 그 칼은 정의를 위한 것이 아니었고, 분노가 이끄는 방향을 향해 움직이고 있었다.

84

도는 사람을 살리지만
사람을 태우기도 한다

관우가 전사한 뒤, 제갈량은 여러 차례 전쟁을 만류했다. 국력이 아직 회복되지 않았고, 민심도 안정되지 않았다는 이유였다. 그러나 유비의 마음은 이미 한쪽으로 기울어 있었다. 그에게 관우의 죽음은 전술의 문제가 아니라, 의를 저버릴 수 있느냐의 문제였다.

유비는 끝내 의를 위해 출정을 결정했다. 그 선택은 곧 나라 전체를 전쟁으로 끌어들이는 결정이기도 했다.

출정에 앞서, 제갈량이 눈물을 보이며 말했다.

"이 길이 사람을 살릴지, 모두를 삼킬지 아십니까."

유비는 잠시 침묵하다가 조용히 답했다.

"그 결과가 무엇이든, 그 책임은 내가 지겠다."

그는 도를 선택했다. 그 도가 사람을 살릴지, 불태울지는 알 수 없었다.

85

패배의 불꽃은
다음 길을 비추는 빛이 된다

관우의 죽음을 갚겠다는 뜻으로 출정했지만, 전선의 흐름은 처음부터 순탄하지 않았다. 오나라 진영에서는 화공 준비가 이어지고 있다는 보고가 반복되었고, 지형과 계절 모두 촉군에게 불리하게 작용하고 있었다. 제갈량은 여러 차례 전면 충돌을 피할 것을 권했지만, 유비는 더 이상 물러서지 않았다.

이릉에서 전장이 불길에 휩싸였을 때, 유비는 칼을 뽑아 들고 불타는 진영을 바라보았다. 그는 하늘을 향해 짧게 말했다.

"내 오만을 거두어 가라."

불길이 지나간 뒤, 웃음은 남지 않았다. 패배를 받아들이는 얼굴만이 그 자리에 남았고, 그는 그 침묵 속에서 다음에 가야 할 길을 다시 생각하고 있었다.

크게 잘못한 것이 있다면
백성에게 머리를 숙여야 한다

이릉에서 패한 뒤, 촉군의 귀환은 침묵으로 가득했다. 불길에 흩어진 군사들은 서로를 부축하며 길을 걸었고, 전장을 떠날 때의 기세는 흔적도 남지 않았다.

마을마다 백성들은 이미 자리를 떠났거나, 남아 있더라도 굶주림에 지쳐 있었다. 승리를 기대하며 떠났던 군대는, 돌아올 때는 밤길을 더듬는 그림자에 불과했다.

백제성에 도착했을 때도 상황은 다르지 않았다. 군사들은 굶주렸고, 백성들은 지쳐 있었다. 유비는 성문을 닫지 않았다.

그는 직접 성문 앞에 서서 백성들을 향해 머리를 숙였다.

"그대들을 지키지 못했다. 이 모든 책임은 나에게 있다."

그날 유비는 패배의 원인을 변명하지 않았다. 전쟁의 결과를 백성에게 전가하지도 않았다.

87

패배의 한복판에서도
군주는 군주다워야 한다

이릉에서의 대패 이후, 촉군은 더 이상 하나의 군대로 움직이지 못했다. 전열은 흩어졌고, 산길마다 부상병과 피난민이 뒤섞여 각자 살아남을 길을 찾고 있었다. 전투가 끝났지만, 혼란은 오히려 그 뒤에 시작되고 있었다. 지휘도 질서도 남아 있지 않았고, 누구도 전체를 돌볼 수 없는 상황이었다.

그 혼란 속에서 유비는 병든 몸을 이끌고 가장 먼저 백성들을 찾았다. 촉군이 무너지고 백성들이 산속으로 흩어질 때, 그는 밤을 새워 사람들을 불러 모았다.

한 아이를 업은 채 울고 있는 백성을 붙들고, 유비는 낮은 목소리로 말했다.

"내가 먼저 살면 의가 사라지고, 내가 함께 죽으면 의는 남는다."

그의 발은 상처로 피투성이였지만, 그가 머무는 자리마다 백성들은 다시 모여들었다.

88

용서는 약함이 아니라
가장 강한 힘이다

이릉 패전 이후, 촉 진영은 깊은 침묵에 잠겨 있었다. 패배의 책임이 누구에게 있는지 모두가 알고 있었지만, 아무도 먼저 입을 열지 못했다.

그중 한 장수는 전투에서 치명적인 실책을 저지른 인물이었다. 그는 처벌을 두려워해 진영 한쪽에 숨어 있었고, 언제 불려나갈지 모른다는 불안 속에서 밤을 지새우고 있었다.

유비는 그를 불러내 꾸짖지 않았다. 대신 자리에 앉혀 술을 따르며 조용히 말했다.

"사람은 실수로 끝나지 않는다. 다시 일어설 기회가 있을 때 살아난다."

그날 이후 그 장수는 달라졌다. 변명하지 않았고, 뒤로 숨지도 않았다. 다음 전장에서는 누구보다 앞에 섰고, 끝내 물러서지 않았다.

89

마지막 순간까지도
혈통보다 나라를 우선시하다

이릉에서 패한 뒤, 유비의 병세는 급격히 깊어졌다. 밤마다 기침이 멎지 않았고, 새벽이면 몸을 가누지 못해 궁정 사람들은 발소리조차 죽여 움직였다.

패전의 상처는 전장에만 남지 않았다. 군세는 흩어졌고, 백성의 삶은 무너졌다. 유비는 그 책임을 피하지 않았다. 몸이 무너져도 장막을 열어 조정의 일을 확인했고, 남은 군과 나라의 형편을 끝까지 살폈다.

병이 더 깊어지자, 유비는 제갈량을 불렀다. 허약해진 손이 제갈량의 옷깃을 잡았다. 오래 말할 힘이 없었지만, 끝까지 전하려는 말은 분명했다.

"내 아이를 돕되, 정도를 벗어난다면 그를 버려라."

유비는 마지막 순간까지 혈통을 앞세우지 않았다. 나라가 먼저였고, 나라를 바로 세우는 기준이 먼저였다.

장비는 충동적이었지만 믿음을 저버린 적이 없었다. 그의 고함은 분노가 아니라 진심의 울림이었다. 한 번 마음을 내어준 사람은 끝까지 지켰고, 힘으로 부하를 따르게 한 적이 없었으며, 두려움으로 사람을 움직이지 않았다. 오직 흔들림 없는 마음과 진짜 의리로 사람을 얻었다. 그래서 그는 영웅이 아니라 의로움으로 버틴 마음의 장수로 남았다.

장비 편:
흔들림 없는 진심으로 의리를 지킨다

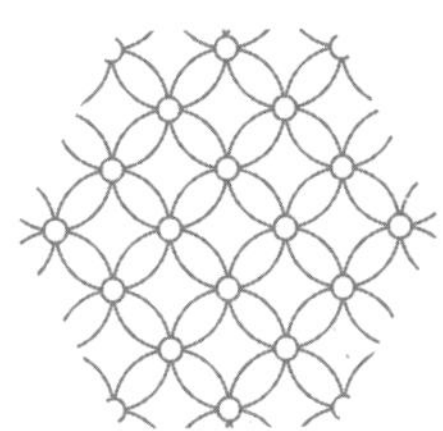

[장비의 생애 흐름]

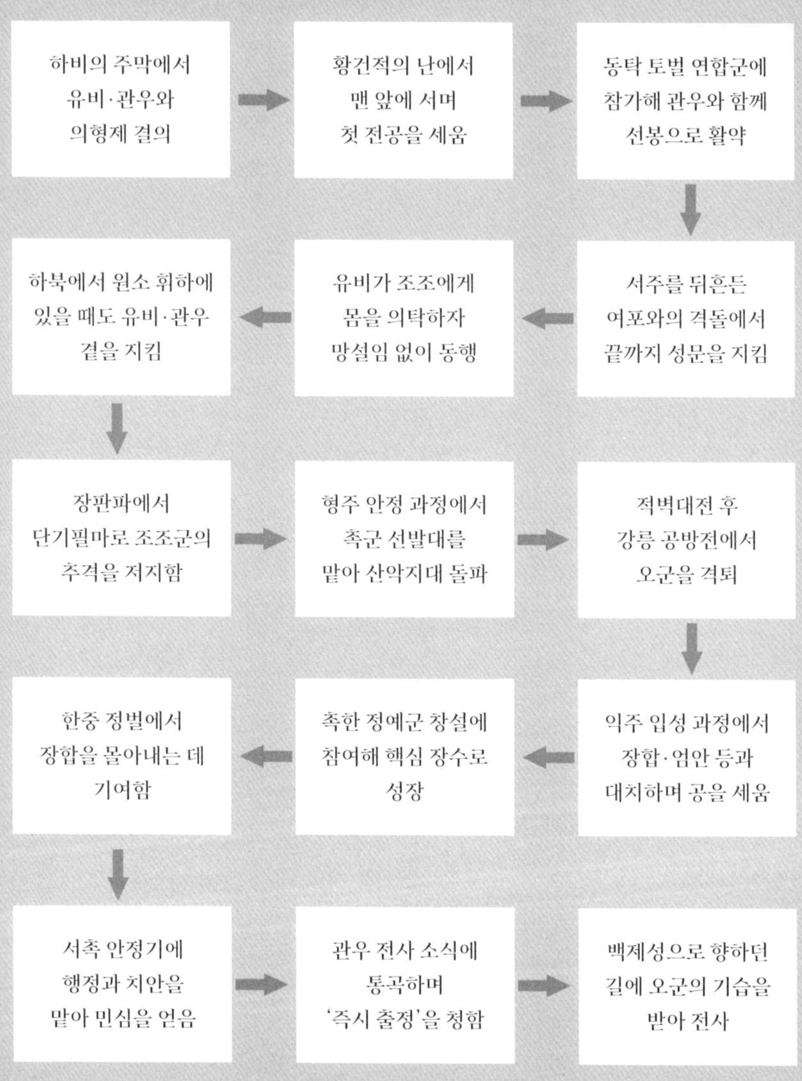

하비의 주막에서 유비·관우와 의형제 결의
황건적의 난에서 맨 앞에 서며 첫 전공을 세움
동탁 토벌 연합군에 참가해 관우와 함께 선봉으로 활약
서주를 뒤흔든 여포와의 격돌에서 끝까지 성문을 지킴
유비가 조조에게 몸을 의탁하자 망설임 없이 동행
하북에서 원소 휘하에 있을 때도 유비·관우 곁을 지킴
장판파에서 단기필마로 조조군의 추격을 저지함
형주 안정 과정에서 촉군 선발대를 맡아 산악지대 돌파
적벽대전 후 강릉 공방전에서 오군을 격퇴
익주 입성 과정에서 장합·엄안 등과 대치하며 공을 세움
촉한 정예군 창설에 참여해 핵심 장수로 성장
한중 정벌에서 장합을 몰아내는 데 기여함
서촉 안정기에 행정과 치안을 맡아 민심을 얻음
관우 전사 소식에 통곡하며 '즉시 출정'을 청함
백제성으로 향하던 길에 오군의 기습을 받아 전사

90

함께하자며 맺은 약속은
평생의 기준이 된다

탁군의 장터는 전쟁 소문으로 늘 소란했다. 황건의 난이 번지기 전부터 세금과 징발이 거칠어졌고, 떠도는 사람과 울분을 삼키는 사람들이 늘어났다. 장비는 그 한복판에서 고기를 썰고 술을 팔며, 세상이 칼로만 굴러가지 않는다는 것을 먼저 배웠다.

어느 날 장터에서 백성들이 억울함을 호소하자, 유비가 나서 그들을 달래는 모습을 보았다. 말은 조용했지만, 사람들의 마음이 그 말에 붙었다. 장비는 그 장면을 말없이 지켜보다가, 자신과는 전혀 다른 결을 가진 사람이라는 것을 느꼈다.

얼마 뒤 관우까지 합류해 세 사람은 술자리에 마주 앉았다. 도원에서 뜻을 함께하자는 유비의 말 앞에서 장비는 주저하지 않았다. 그는 거친 입으로 맹세했다.

"같은 날 태어나지 못했으나, 같은 날 죽기를 원하노라."

의리는 한 번의 결심이 아니라
평생 지켜야 할 태도다

도원에서 뜻을 함께하자는 말이 나왔을 때, 관우는 신중했고 유비는 말을 아꼈다. 각자 걸어온 길이 달랐고, 앞으로의 삶이 가벼운 선택이 아님을 알고 있었기 때문이다. 그러나 장비는 달랐다. 그는 술잔을 들자마자 먼저 입을 열었다.

"오늘의 술은 피로 바뀌어도 아깝지 않다."

장비에게 의리는 순간의 감정이나 맹세가 아니었다. 한 번 맺으면 되돌릴 수 없는 기준이었고, 삶의 방향을 고정시키는 약속이었다. 그래서 그는 관계를 계산하지 않았고, 유불리를 따지지 않았다.

거친 성정은 종종 문제를 만들었지만, 의를 지키는 순간만큼은 한 번도 물러선 적이 없었다. 장비가 은혜를 갚는 방식은 단순했다. 말로 포장하지 않았고, 체면으로 대신하지도 않았다. 필요하다면 앞장섰고, 끝까지 자리를 지켰다.

강함은 앞서는 힘이 아니라
뒤를 살피는 책임이다

남양 일대는 이미 질서가 무너져 있었다. 황건적의 난을 피해 떠돌던 백성들이 성문 앞에 몰려들었고, 아이와 노인, 짐을 이고 진 사람들이 길을 막아 더는 움직일 수 없었다. 군은 이동해야 했고, 적의 동향도 살펴야 했다. 그러나 백성들은 어디로도 물러설 곳이 없었다.

혼란이 커지자 병사들 사이에서 고성이 오갔다. 군을 먼저 움직여야 한다는 말과, 백성을 두고 갈 수 없다는 말이 맞섰다. 그때 장비가 갑옷을 벗어 들고 앞으로 나섰다.

"아이와 노인이 먼저 간다."

잠시 주변이 조용해졌다. 늘 전장에서 가장 앞에 서던 장비가, 그날만큼은 가장 약한 사람들부터 길로 내보내고 있었다. 그 선택은 전술이 아니라 기준이었다.

93

의리가 빠진 싸움은
먼저 스스로를 무디게 한다

하비의 전선이 무너지기 시작했을 때, 성 안은 순식간에 혼란에 휩싸였다. 패전의 소식보다 더 빠르게 퍼진 것은 유비의 가족이 적에게 붙잡혔다는 말이었다. 백성들은 짐을 움켜쥔 채 흩어졌고, 군의 질서는 급격히 무너지고 있었다.

그 소식이 장비의 귀에 닿자, 그는 망설이지 않았다. 곧장 성루로 올라가 흔들리는 깃발 사이에 섰다. 빗발치는 화살이 성벽을 두드렸지만, 그는 한 발도 물러서지 않았다. 그리고 목이 터지도록 외쳤다.

"내가 죽더라도, 유현덕을 해치지 말라!"

그 외침은 살려달라는 항변이 아니었다. 장비에게 싸움은 이기기 위한 수단이기 전에, 의리를 증명하는 자리였다.

94

분노를 나누지 말고,
신뢰를 함께 짊어져라

하비성은 유비가 오랜 시간 힘겹게 버텨온 거점이었다. 그러나 조조의 대군이 밀려오자 끝내 무너졌고, 성은 혼란 속에서 불길에 휩싸였다. 그 와중에 유비의 가족이 포로로 잡혔다는 소식이 전해졌다. 관우는 그들을 지키기 위해, 선택의 여지 없이 조조의 진영에 몸을 의탁해야 했다.

이 소식이 장비에게 닿았을 때, 그는 분노와 불안에 휩싸였다. 성루에 올라 밤을 지새우며 이를 악문 채 토해내듯 말했다.

"형님은 어찌 그를 믿으십니까!"

유비는 잠시 장비를 바라보다가 고개를 저었다.

"관우를 의심하는 순간, 우리가 쌓아온 모든 의리도 함께 무너진다."

그 말 앞에서 장비는 더 말을 잇지 못했다.

분노는 파괴가 아니라
질서를 세우는 힘이 될 수도 있다

하비가 무너진 뒤, 유비의 군사들은 밤길로 흩어져 도망치고 있었다. 적의 추격은 거셌고, 병사들은 공포에 질려 앞사람을 밀치며 넘어졌다. 어둠 속에서 울음과 고함이 뒤섞였고, 대오는 언제 완전히 무너져도 이상하지 않은 상태였다.

그때 장비가 군문 앞에 서서 말머리를 가로세웠다. 그는 도망치는 길을 몸으로 막아 세우고, 목청껏 외쳤다.

"겁쟁이는 죽이되, 의로운 자는 살린다!"

그 외침은 살벌했지만, 칼을 휘두르기 위한 말은 아니었다. 장비의 분노는 사람을 베지 않았다. 흩어지던 군심을 붙잡았고, 도망치던 발걸음을 멈추게 했다.

큰소리는 허세가 아니라
남겠다는 약속이다

장판으로 물러나던 길은 이미 전장이었다. 유비는 백성들과 뒤섞여 남쪽으로 향했고, 뒤에서는 조조의 기병이 구름처럼 밀려오고 있었다. 병사들은 서로 발이 엉켜 앞으로 나아가지 못했고, 행렬의 끝은 이미 무너지기 시작했다.

그때 장비가 말머리를 돌려 장판교 앞으로 나섰다. 그는 다리 위에 홀로 서서 창을 땅에 꽂고 크게 외쳤다.

"나는 연나라 사람 장익덕이다. 감히 나와 죽음을 걸고 싸울 자 누구냐."

그 외침은 적을 겁주기 위한 허세가 아니었다. 유비와 백성들을 먼저 보내기 위해, 자신이 그 자리에 남겠다는 선언이었다.

진정한 용기는
두려움을 안고 설 때 생긴다

장판에서 유비와 백성들이 겨우 강을 건넜을 때, 뒤쪽에서는 조조의 기병이 먼지를 일으키며 다가오고 있었다. 다리는 금방이라도 무너질 듯 흔들렸고, 장비는 마지막까지 남아 그 길을 막고 있었다.

방금 전까지 고함을 내지르던 숨이 잠시 가라앉았다. 그제야 손끝의 떨림이 느껴졌다. 장비는 잠시 자신의 손등을 내려다보았다. 두려움은 사라지지 않았고, 몸은 정직하게 반응하고 있었다.

그는 낮게 말했다.

"두려움이 없으면 무모해지고, 두려움을 이기면 앞으로 나아갈 수 있다."

장비는 떨리는 손을 천천히 쥐어 올렸다. 도망치지 않기 위해서가 아니라, 두려움을 안은 채 그 자리에 서기 위해서였다.

98

말은 칼보다 가볍지만
사람의 마음을 흔들 수 있다

전장을 오래 다니다 보면, 칼보다 말이 먼저 군을 무너뜨릴 때가 있다. 긴 전투가 이어진 어느 날 밤, 장비의 군막 근처에서 장정들이 술기운에 떠들며 장난을 치고 있었다. 웃음과 고성이 번지자 긴장은 풀렸고, 느슨해진 공기가 진영 전체로 퍼질 기세였다.

장비는 말없이 횃불을 들어 올리고 그들 앞으로 나섰다. 고함도, 위협도 없었다. 그는 짧게, 그러나 분명하게 말했다.

"군중에는 농담이 없다."

그 한마디에 웃음은 멎었고, 소란은 고요로 바뀌었다. 흩어질 듯 흔들리던 군막의 공기는 단숨에 제자리를 찾았다.

이름보다 먼저 지켜야 할 것은
사람의 자리다

형주를 맡아 지키던 시기, 장비는 남양과 강하 일대의 반란을 잇달아 평정하며 이름을 크게 떨치고 있었다. 전투가 끝날 때마다 백성들이 성문 밖까지 나와 군대를 배웅했고, 그의 공적은 날마다 조정에 보고되었다. 장비의 이름은 빠르게 퍼졌고, 장수들 사이에서도 그 위세가 자연스럽게 거론되기 시작했다.

어느 날 한 신하가 조심스레 말을 꺼냈다.

"장군의 이름이 하루가 다르게 높아지고 있습니다."

장비는 술잔을 내려놓고 웃으며 답했다.

"내 이름은 뒤에 있어도 된다. 현덕 형님의 뜻이 먼저다."

장비의 자존심은 강했다. 그러나 그 자존심은 늘 사람 위에 서지 않았다.

100

적을 먼저 읽는 자가
결국 싸움에서 이긴다

장합과 대치하던 날, 전장은 이미 소란스러웠다. 북소리가 울렸고, 병사들은 언제 돌격 명령이 떨어질지 숨을 죽이고 있었다. 그러나 장비는 좀처럼 말을 움직이지 않았다. 그는 말을 세운 채 적의 깃발이 흔들리는 방향, 진형 사이의 간격, 병사들의 눈빛과 발놀림을 오래 살폈다.

곁에 있던 부장이 조급함을 참지 못하고 물었다.

"왜 바로 공격하지 않습니까?"

장비는 시선을 떼지 않은 채 짧게 답했다.

"싸움은 먼저 읽는 자가 이긴다."

잠시 뒤, 그는 단번에 움직였다. 흐트러진 순간을 정확히 짚어내며 진형의 빈틈을 파고들었다. 돌파는 짧았고, 전장의 흐름은 순식간에 뒤집혔다.

강한 자는 적에게서도
기개와 의리를 본다

익주를 평정해가던 과정에서, 장비는 남쪽 고을을 지키던 장수 엄안을 사로잡았다. 성은 이미 열렸고 전투는 끝났지만, 포박된 엄안의 태도는 조금도 흐트러지지 않았다. 그는 눈을 피하지도, 살려달라 말하지도 않았다. 죽음을 앞에 두고도 고개를 곧게 세운 채 서 있었다.

장비가 물었다.

"왜 항복하지 않았는가?"

엄안은 담담히 답했다.

"나라는 주군에게 있고, 신하는 두 마음을 품지 않는다."

그 말에 장비는 잠시 아무 말도 하지 않았다. 잠시 후 그는 칼을 거두고 크게 말했다.

"장수로다."

그리고 즉시 사슬을 풀어주고 자리를 내어주었다.

102

대담함은 소리가 아니라
버티는 태도에서 나온다

한중에서 조조와 대치하던 시기, 장비는 유비의 본대를 지키기 위해 좁은 계곡 어귀를 맡고 있었다. 길은 사람 몇이 지나기도 빠듯했고, 비 한 번이면 무너질 듯한 험준한 산세였다. 적군은 협곡을 메우듯 밀려오고 있었고, 병사들은 숨소리조차 낮춘 채 자리를 지키고 있었다.

그때 장비가 한 걸음 앞으로 나섰다. 그는 창을 들어 허공을 가르듯 휘두르며 외쳤다.

"누가 감히 나와 죽음을 결하겠는가!"

순간 적진이 조용해졌다. 협곡을 울리던 북소리가 멎었고, 몰려오던 발걸음이 눈에 띄게 느려졌다.

가진 힘이 커져갈수록
먼저 다스려야 할 것은 자기다

주를 얻은 뒤, 유비는 각지를 안정시키기 위해 장수들에게 고을의 수비를 맡겼다. 장비 역시 성 하나를 책임지게 되었고, 전장이 아닌 자리에서 병사와 백성을 함께 다스리는 역할을 맡았다.

어느 날 부하 장수가 명령을 어긴 일이 있었다. 장비는 순간 분노가 치밀어 칼자루를 움켜쥐었다. 전장이라면 이미 끝났을 상황이었다. 그러나 그는 잠시 숨을 고르고 손을 멈추었다.

"한 사람의 잘못이 천 사람의 마음을 무너뜨릴 수 있다."

장비는 칼을 내려놓고 채찍을 들었다. 잘못은 분명히 묻되, 사람을 버리지는 않았다.

104

분노는 버릴 것이 아니라
다스려야 할 힘이다

장비는 전장에 서면 언제나 가장 먼저 앞으로 나아갔다. 북이 울리고 성문이 열리는 순간, 그의 말은 이미 적진을 향해 달리고 있었고 병사들은 그의 등을 보며 숨 가쁘게 따라붙었다. 그 기세는 군을 살렸지만, 동시에 목숨을 잃을 위험도 안고 있었다.

전투가 거듭될수록 주변 장수들은 그를 붙잡아 세웠다.

"장군, 너무 앞서 나가십니다."

지휘해야 할 장수가 혼자 깊숙이 들어가면, 군 전체가 순식간에 흔들릴 수 있었기 때문이다.

그럴 때마다 장비는 말에서 내려 창을 고쳐 쥐고 잠시 숨을 고른 뒤 조용히 말했다.

"용맹은 분노를 따라가는 것이 아니라, 분노를 쓰는 것이다."

백성은 칼을 보면 숨고,
마음을 보면 따른다

익주가 평정된 뒤, 유비는 장비에게 작은 고을의 행정을 맡겼다. 전장에서의 명성 때문에 사람들은 불안해했다. 거칠고 성급한 장수가 백성을 다스리는 자리에 어울리겠느냐는 의심이었다.

그러나 고을에 도착한 장비는 가장 먼저 갑옷을 벗었다. 그는 관아로 곧장 들어가지 않고 시장부터 걸었다. 상인의 말을 들었고, 농부가 한 해 동안 거둔 곡식의 양을 직접 물었다. 명령을 앞세우지 않았고, 판단을 서두르지도 않았다.

장비는 이렇게 말했다.

"백성은 칼을 보면 숨고, 마음을 보면 따른다."

그는 술자리를 줄였고, 벌은 가볍게 하되 기준은 분명히 했다. 밤이 되면 직접 고을을 돌며 꺼진 등잔을 다시 세워주었다. 그날부터 백성들은 장비를 두려워하지 않았다.

106

싸움에서 중요한 것은
사람 수가 아니라 마음이다

유비가 남쪽으로 물러난 뒤, 장비는 신야 일대를 맡아 흩어진 병력을 추슬러 성을 지키는 임무를 맡았다. 연이은 패전으로 병사들의 눈빛이 흐려졌고, 적군은 추격의 기세를 늦추지 않은 채 포위망을 조여왔다.

성 위에서는 화살이 성벽을 두드리는 소리와 멀리서 울리는 북소리가 겹쳐, 숨까지 줄어드는 긴장이 흘렀다. 그때 한 부장이 떨리는 목소리로 말했다.

"장군, 우리가 너무 적습니다."

장비는 성 아래를 내려다보다가 웃으며 답했다.

"중요한 것은 사람 수가 아니다. 마음이다."

그 한마디에 흔들리던 시선이 다시 모였고, 흩어질 듯했던 병사들은 창을 고쳐 쥐었다.

분노는 그를 밀어냈고
의는 그를 멈춰 세웠다

하비성이 함락되고 유비의 처자들이 조조에게 붙잡혔다는 소식이 전해지자, 장비는 그날 밤 자리를 뜨지 않았다. 분노는 쉽게 가라앉지 않았고, 상황을 받아들이는 데에도 시간이 필요했다.

그 분노는 특정한 대상을 넘어서 있었다. 조조를 향한 것이기도 했고, 전장에서의 패배, 그리고 스스로 막지 못한 결과를 향한 것이기도 했다. 장비는 즉각 움직이지 않았다. 분노가 앞서 있었지만, 판단은 아직 내려지지 않았다.

유비가 무사히 돌아왔을 때, 장비는 가장 먼저 그 앞에 나아갔다. 과한 말도, 감정의 표출도 없었다. 분노는 행동의 이유였지만, 선택의 기준은 아니었다. 장비를 움직인 것은 분노였으나, 끝내 그를 붙들어둔 것은 의였다.

108

방향을 잃은 분노는
끝내 자신을 해친다

관우가 전장에서 죽었다는 소식이 형주에 전해졌을 때, 장비는 밤새 성벽을 돌았다. 칼자루를 쥔 손은 풀리지 않았고, 분노는 잠으로 가라앉지 않았다.

그는 성문 앞에 서서 말했다.

"형이 죽었는데, 내가 어찌 가만히 있을 수 있겠는가."

분노는 분명했다. 그러나 그 분노를 둘 자리는 분명하지 않았다. 복수는 의로워 보였지만, 그 의는 더 이상 사람을 살피지 못했다. 분노는 밖을 향해 있는 듯했으나, 판단은 점점 안쪽에서 무너지고 있었다.

얼마 지나지 않아, 장비의 분노는 되돌아온 칼이 되었다. 지키기 위해 들었던 칼은 끝내 자신을 향했고, 그는 그 칼날 앞에서 생을 마쳤다.

조운(조자룡)은 흔히 '용맹'을 상징하는 장수로 기억되지만, 그의 진짜 힘은 칼끝이 아니라 맡은 일을 단 한 번도 놓치지 않았다는 신뢰에 있다. 그는 유비를 모실 때는 그림자처럼 따랐고, 백성을 이끌 때는 누구보다 앞섰으며, 전장에서 한 사람을 구하라는 명령을 받으면 수만 대군을 헤치고라도 그 한 사람을 데려왔다. 조운은 의리나 명예보다 먼저 '책임'을 생각하는 사람이었다.

6장

조운 편:
맡은 일은 언제나 빈틈없이 완수한다

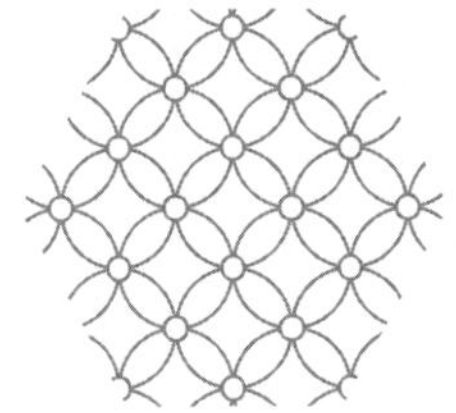

[조운의 생애 흐름]

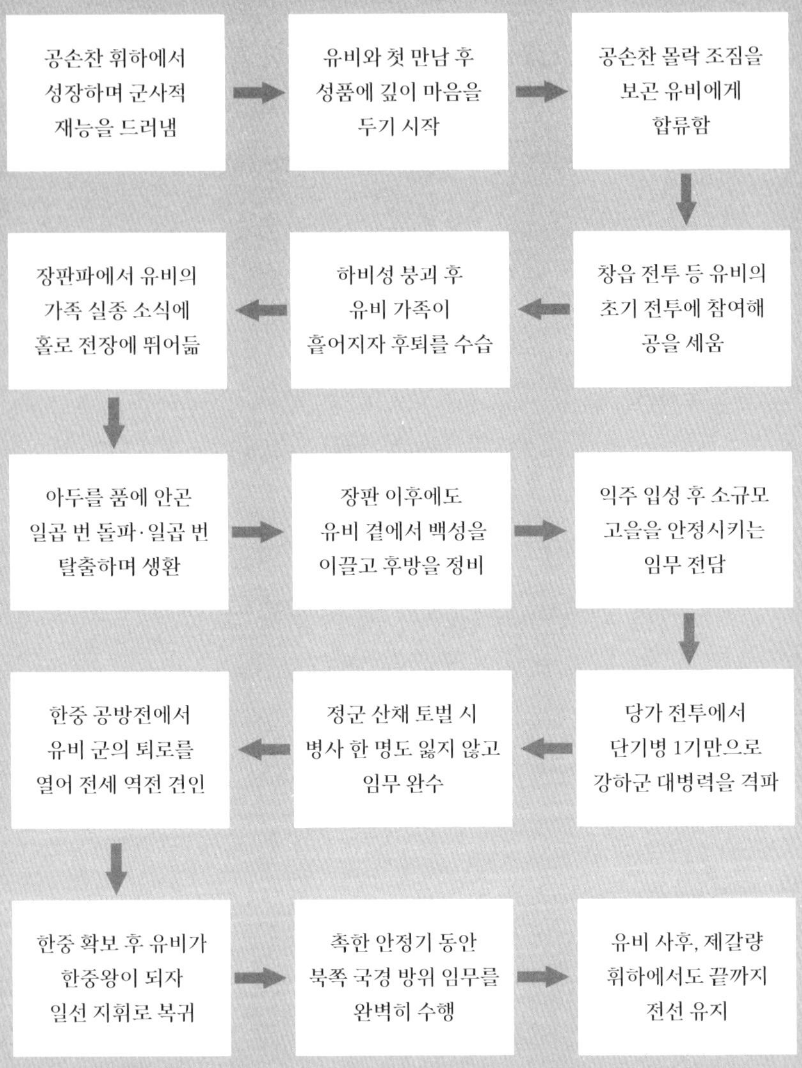

공손찬 휘하에서 성장하며 군사적 재능을 드러냄
유비와 첫 만남 후 성품에 깊이 마음을 두기 시작
공손찬 몰락 조짐을 보곤 유비에게 합류함
창읍 전투 등 유비의 초기 전투에 참여해 공을 세움
하비성 붕괴 후 유비 가족이 흩어지자 후퇴를 수습
장판파에서 유비의 가족 실종 소식에 홀로 전장에 뛰어듦
아두를 품에 안곤 일곱 번 돌파·일곱 번 탈출하며 생환
장판 이후에도 유비 곁에서 백성을 이끌고 후방을 정비
익주 입성 후 소규모 고을을 안정시키는 임무 전담
당가 전투에서 단기병 1기만으로 강하군 대병력을 격파
정군 산채 토벌 시 병사 한 명도 잃지 않고 임무 완수
한중 공방전에서 유비 군의 퇴로를 열어 전세 역전 견인
한중 확보 후 유비가 한중왕이 되자 일선 지휘로 복귀
촉한 안정기 동안 북쪽 국경 방위 임무를 완벽히 수행
유비 사후, 제갈량 휘하에서도 끝까지 전선 유지

목숨을 버리는 용기는 많지만
사람을 지키는 용기는 드물다

형주를 잃은 뒤 남쪽으로 물러나던 길이었다. 장판파 일대는 숨을 곳이 없었고, 조조의 추격은 빨랐다. 유비는 수만 명의 백성을 거느린 채 이동했는데, 이는 군대의 행군이 아니라 피난 행렬에 가까웠다. 유비는 끝까지 백성을 버리지 못하고, 가장 뒤처진 이들까지 이끌며 강으로 향했다. 그때 외침이 들렸다.

"유황숙의 아들이 보이지 않습니다!"

혼란 속에서, 먼 곳에서 한 기병이 먼지를 가르며 나타났다. 조운이었다. 그는 말 아래에 아이를 품고, 말 위에서는 적을 막아내며 좁은 길을 스스로 열고 있었다.

유비는 그 모습을 보고 낮게 말했다.

"목숨을 버리는 용기는 많다. 그러나 사람을 지키는 용기는 드물다."

유비는 아이보다 먼저 조운의 두 어깨를 붙들었다.

앞에서 빛나긴 쉽지만
뒤를 맡기는 어렵다

형주를 잃고 남쪽으로 물러설 때였다. 조조의 추격은 빠르고 길은 좁았으며, 대오는 군대라기보다 피난 행렬에 가까웠다. 군사는 창을 들고 있었지만, 백성은 짐을 들고 있었다. 아이는 울고, 노인은 넘어지고, 수레는 길목마다 멈춰 섰다.

그때 조운이 말고삐를 당겨 뒤로 돌았다. 그는 유비에게 가까이 다가와 낮게 말했다.

"제가 뒤를 맡겠습니다. 대오가 끊기면 모두가 죽습니다."

조운은 빠르게 달리지 않았다. 그는 넘어지는 이를 일으켜 세우고, 흩어지는 병사를 다시 묶으며, 백성이 건널 길부터 먼저 확인했다.

조운이 지킨 것은 '승리'가 아니라 '흩어지지 않는 질서'였다. 그 질서가 살아 있었기에 피난 행렬은 군대가 될 수 있었다.

111

장수의 칼은 적을 향하지만
마음은 백성을 향한다

퇴각이 길어질수록 행렬은 거칠어졌다. 군과 민의 경계는 흐려졌고, 밤이 되면 굶주림과 공포가 먼저 고개를 들었다. 불 꺼진 민가 앞에서 병사들의 발걸음이 멈췄고, 말발굽은 밭고랑을 짓밟았다. 전투보다 먼저 규율이 무너질 조짐이었다.

조운은 말에서 내려 병사들 앞에 섰다. 그는 칼을 뽑지 않았고, 목소리를 높이지도 않았지만 단호히 말했다.

"백성의 것을 빼앗지 마라. 우리가 지키려는 것을 우리가 먼저 부수지 마라."

그 말 뒤에 처벌은 없었다. 대신 조운은 직접 말고삐를 잡고 민가 앞을 지나갔다. 병사들은 그 등을 보고 발걸음을 거두었다.

기세는 돌격에서 나오지만
승부는 퇴로에서 갈린다

조조의 기병이 구름처럼 몰려오자, 전열은 앞에서부터 흔들리기 시작했다. 북소리와 말발굽이 겹치며 길은 순식간에 막혔고, 앞에서는 돌파를 외치고 뒤에서는 비명이 터져 나왔다. 많은 장수는 속도를 올려 적을 뚫는 것만을 생각했다. 한 번에 벗어나지 못하면 모두가 끝이라는 조급함이 퍼지고 있었다.

그러나 조운은 말머리를 반대로 돌렸다. 그는 달리는 방향보다, 남아야 하는 자리를 먼저 살폈다. 좁은 고개와 굽은 길목, 병사들이 다시 숨을 고를 수 있는 틈을 확인하며 움직였다.

조운은 병사들을 향해 짧게 외쳤다.

"앞으로만 가지 마라. 돌아설 길을 남겨라."

그는 한 번에 벗어나려 하지 않았다. 나아가고 물러나기를 반복하며, 흩어지려는 대오를 다시 묶었다. 적장을 베어 기세를 세우기보다, 뒤처진 병사가 합류할 시간을 먼저 벌었다.

두려움 대신 신뢰를 세워야
백성을 얻는다

익주가 촉한의 품에 들어온 직후였다. 성은 함락되었지만, 사람들의 마음은 아직 닫혀 있었다. 부역을 두려워해 몸을 숨긴 청년들이 있었고, 관리를 믿지 못해 문을 굳게 걸어 잠근 집들도 많았다. 조운은 군령을 내렸다.

"문을 두드리되 억누르지 마라. 백성이 먼저 말하게 하라."

병사들에게는 민가 앞에서 소란을 금했고, 관리들에게는 억지 징발을 엄히 막았다.

며칠 뒤, 숨어 지내던 청년 하나가 성문 근처로 나와 물었다.

"장군, 왜 우리를 겁주지 않습니까? 다른 군대는 성을 얻으면 먼저 사람을 묶었습니다."

조운은 고개를 저었다.

"백성을 묶어 세우는 것은 오래가지 못한다. 사람의 마음을 얻어야 나라가 선다."

그 말이 퍼지자 닫혔던 문이 하나둘 열렸다.

114

지도력은 처벌이 아니라
질서를 세우는 데 있다

익주가 안정기에 접어들 무렵, 관청 앞에서 소동이 벌어졌다는 보고가 들어왔다. 굶주린 이들이 곡식을 두고 다투었고, 순식간에 군사까지 개입하는 상황으로 번졌다.

관리들은 조운에게 말했다.

"장군, 본보기를 보여야 합니다. 몇 명을 벌하면 곧 조용해질 것입니다."

조운은 군막 밖을 잠시 바라보다 조용히 답했다.

"벌은 질서를 지켜내는 마지막 수단이다. 먼저 마음을 바로 잡아야 한다. 다툼의 뿌리를 뽑는 것이 진짜 다스림이다."

그는 다투던 이들을 불러 세워 물었다.

"굶주림이 이들을 싸우게 했다. 죄가 어디에 있겠는가?"

그리고는 관청의 곡식을 나누어주었다.

그 뒤 익주에서는 소란이 눈에 띄게 줄어들었다.

115

백성을 지키는 싸움이
가장 강한 싸움이다

익주를 얻은 뒤 촉한의 새 체제가 들어섰다. 그러나 곧 흉년이 들었다. 전쟁으로 지친 백성들은 논을 다시 일굴 힘이 부족했고, 곳곳에서 굶주린 이들이 길가에 쓰러졌다. 성 안의 분위기에도 두려움과 불신이 섞여 있었다.

관리들은 군량이 줄어드는 것을 걱정하며 말했다.

"전쟁이 다시 일어나면 무엇으로 군을 지탱하겠습니까. 창고를 열어서는 안 됩니다."

조운은 흔들리지 않았다. 그는 굶주린 이들 쪽으로 직접 걸어 나가 조용히 말했다.

"백성이 쓰러지면 나라의 허리가 먼저 꺾인다. 곡식은 군을 지키는 것이 아니라 사람을 지키는 데 있어야 한다."

그리고 창고 문을 열도록 명했다. 병사들이 놀라 서로를 바라보는 사이, 굶주린 백성들은 떨리는 손으로 곡식을 받았다.

명예는 남이 주는 게 아니라
남이 빼앗지 못하는 것이다

익주가 평정된 뒤, 조정에는 공을 다투는 말이 끊이지 않았다. 어떤 장수는 자신이 먼저 성문에 올랐다고 주장했고, 또 다른 장수는 더 많은 전공을 내세우며 관직을 요구했다.

그때 후배 장수 하나가 조운을 찾아와 조심스레 말했다.

"장군은 수많은 전장에서 공을 세우셨건만 벼슬은 아직도 높지 않습니다. 부당하지 않습니까?"

조운은 잠시 침묵한 뒤 담담히 말했다.

"이름은 이익보다 무겁다. 명예는 벼슬이 아니라 사람이 지키는 것이다."

조운에게 명예는 남이 인정해주는 훈장이 아니었다. 그래서 그는 공을 내세워 자리를 다투지 않았다.

두려움을 아는 장수는
끝까지 무너지지 않는다

한중을 향해 올라가던 길이었다. 조운에게는 본대를 앞서 나가 별동대를 이끌고 길을 정리하는 임무가 주어졌다. 이는 단순한 정찰이 아니라, 뒤따르는 대군의 안전을 좌우하는 자리였다.

밤이 깊어지자 산길은 더욱 험해졌다. 적이 파놓은 함정과 매복이 곳곳에 숨어 있었고, 한 번 흐트러지면 별동대는 물론 본대까지 고립될 수 있는 상황이었다. 조운은 속도를 내지 않았다. 그는 한 걸음 한 걸음을 확인하며, 발밑의 돌과 흙의 감각까지 놓치지 않았다.

그 어둠 속에서 조운은 낮게 중얼거렸다.

"맡은 일을 욕되게 하지 않겠다."

조운이 무사히 돌아온 이유는 겁이 없어서가 아니었다. 두려움을 인식한 상태에서 판단을 늦추지 않았고, 책임을 이유로 움직임을 포기하지 않았다.

118

내 안의 두려움을 인정해도
결코 물러서지는 않는다

한중 전선은 언제나 안개와 절벽 사이에 있었다. 조조가 대군을 몰아 한중을 위협하자, 촉군은 좁은 협곡과 험한 고개 사이에서 버텨야 했다. 병력은 위군에 비해 부족했고, 산세가 험해 보급은 자주 끊겼다. 밤이면 골짜기 아래에서 북소리와 말발굽이 메아리쳤고, 새벽이면 안개가 적의 위치를 지워버렸다.

그날도 마찬가지였다. 짙은 안개 속에서 적의 갑옷이 스칠 듯한 기척이 들려왔다. 병사들의 숨은 거칠어졌고, 손끝까지 냉기가 내려앉았다.

조운은 창을 세우며 조용히 말했다.

"내 몸이 이토록 쇠하여 어찌 적을 막겠는가."

그의 목소리는 커지지 않았다. 두려움을 감추지도 않았다. 그러나 그 말은 후퇴의 변명이 아니었다. 두려움을 인정한 채, 자리에서 물러서지 않는 선언이었다.

119

충성은 드러내지 않고
그저 맡은 자리를 지키는 것이다

한중을 두고 위나라와 부딪친 전투가 막 끝난 뒤였다. 적의 기세는 거셌고, 산악지대의 좁은 길은 한 번 흐트러지면 전군이 무너질 만큼 험했다. 그 혼란 속에서 조운은 선봉과 후위를 오가며 흩어진 병력을 다시 묶어 세웠고, 마지막 돌파구까지 책임지고 버텼다. 전투의 핵심은 '돌격'이 아니라 퇴로를 지키는 통제였다. 조운은 그 역할을 끝까지 놓지 않았다.

전투가 진정되자 유비가 직접 그를 불러 말했다.

"오늘 그대의 공은 모두가 보았다. 상을 내리려 한다."

조운은 잔을 받지 않고, 조용히 고개를 숙이며 말했다.

"저는 공로가 없습니다. 맡은 자리가 있었을 뿐입니다."

유비는 잔을 내려놓으며 말했다.

"이런 사람이 있기에 나라가 선다."

충성은 주군의 명이 아니라 주군의 고독을 지키는 것이다

관우가 형주에서 쓰러지고, 형주 땅이 동오의 손에 넘어가자 유비는 밤마다 문을 걸어 잠갔다. 형주를 잃은 현실보다, 관우를 잃은 상실이 더 깊었다. 신하들은 감히 문을 두드리지 못했고, 유비는 며칠씩 말없이 등을 돌린 채 방 안에 홀로 앉아 있었다.

그 즈음, 조운만은 매일 밤 조용히 그 문 앞에 섰다. 들어가 위로하지도 않았고, 밖에서 떠들어 깨우지도 않았다. 누군가의 말로 고독을 없애려 하지 않고, 그 고독이 무너지지 않도록 경계만 세웠다.

조운은 혼잣말처럼 중얼거렸다.

"군주가 어려움에 처하면, 군주를 따르는 신하는 죽기로써 의를 지키는 법이다."

조운의 충성은 말로 달래는 것도, 공으로 위세를 세우는 것도 아니었다. 주군이 가장 약해진 밤에 주군이 혼자가 되지 않게 지키는 것, 그 침묵의 경호가 그의 충성이었다.

121

진짜 충성은
주군보다 나라를 향한다

촉한의 기둥이던 유비가 세상을 떠난 뒤, 새로 즉위한 유선은 젊고 경험이 부족했다. 전쟁은 길어졌고 조정에는 피로가 쌓여 갔다. 그 틈을 타 사치를 즐기려는 무리가 궁정 주변에 모여들기 시작했다. 연회가 잦아지자, 백성들 사이에서는 한숨이 번져 갔다.

그때 조운이 상소를 올렸다.

"충성은 군주의 즐거움을 받드는 데 있지 않습니다. 나라를 지키는 데 있습니다."

조운의 충성은 특정한 사람을 향해 머무르지 않았다. 왕이 바뀌어도 흔들리지 않는 대상, 곧 나라를 향해 있었다.

122

진정한 용기는
명령이 아닌 양심에서 자란다

촉한의 북벌이 길어지자 나라 살림은 점점 팍팍해졌다. 전선에서는 군량을 더 재촉했고, 조정에서는 그 부담을 백성에게 돌리려는 목소리가 커졌다.

어느 날 일부 대신들이 유선에게 말했다.

"전쟁을 이어가려면 세금을 더 거둬야 합니다. 백성이 고단하더라도 나라가 먼저입니다."

조운은 더는 침묵할 수 없었다. 그는 평생 전장에서 싸웠지만, 백성이 꺾이면 나라의 바닥이 먼저 꺼진다는 것을 알고 있었다.

조운은 상소를 올렸다.

"가혹한 정치는 호랑이보다 사납습니다. 백성을 억누르면 나라의 뿌리가 먼저 무너집니다."

123

진정한 강함은
고요 속에 있다

북벌의 긴 행군 끝, 촉군은 산길을 지나던 중 숲 너머에서 기습을 맞았다. 돌이 굴러 떨어지고 화살이 쏟아지자 대오는 갈라졌다. 적군은 북을 울리고 함성을 높이며 혼란을 키우려 했다.

그때 조운이 말머리를 돌려 가장 무너진 후퇴선으로 들어갔다. 그는 창을 곧게 세운 채, 병사들이 다시 설 수 있는 틈을 만들며 천천히 전진했다.

제갈량이 그 모습을 보고 말했다.

"자룡의 고요함은 천군을 멈춘다."

조운은 병사들에게가 아니라, 자신에게 말하듯 낮게 말했다.

"백성이 남아 있으면 나라가 남는다."

그 한마디는 격려가 아니라 움직임의 이유였다. 병사들은 소리를 따라 붙지 않았다. 조운이 만든 틈을 따라 다시 대열을 세웠다.

용기는 마지막 순간까지
책임과 품위를 지키는 것이다

세월이 깊어 조운의 머리칼이 희어졌을 때도, 그는 전장을 떠나지 않았다. 그는 전열이 가장 흔들리는 자리에 섰다. 깃발이 쓰러지지 않도록 몸으로 버텼고, 병사들이 흩어지지 않도록 먼저 자리를 지켰다.

북벌의 험한 길목마다 병사들은 그에게 말했다.

"장군, 이제는 물러나셔야 합니다."

그러나 조운은 창을 짚고 조용히 대답했다.

"군이 아직 쉬지 않으니, 나는 물러설 수 없다. 늙은 준마도 천리를 가려는 뜻은 남아 있다."

그 말은 고집이 아니었다. 마지막까지 스스로의 기준을 놓지 않겠다는 선언이었다. 조운의 용기는 소란한 외침이 아니라, 끝까지 책임과 품위를 함께 지키는 태도로 드러났다. 그 태도가 젊은 군사들의 마음을 다시 붙들어 세웠다.

끝까지 남은 자의 몫은
책임 하나뿐이다

유비가 세상을 떠났고, 관우와 장비가 쓰러졌고, 마침내 제갈량마저 오장원에서 눈을 감았다. 촉한을 떠받치던 오래된 장수들도 하나둘 자리를 비웠다. 조운만 남았다.

젊은 장수들은 조운을 존중했지만, 함께 전장을 누비던 동료들은 더 이상 곁에 없었다. 남은 것은 사람보다 시간이었다. 조운이 지켜온 기준이 옳았는지 그른지, 이제는 박수로 확인할 자리도 없었다.

황혼 무렵, 조운은 조용히 낡은 훈장을 정리하며 말했다.

"뜻은 빼앗길 수 없다."

그 말에는 탄식이 없었다. 누군가를 원망하는 기색도 없었다. 다만 끝까지 지키기로 한 것을 끝까지 지키겠다는 정리된 결심이 있었다.

126

진정한 영웅은
끝을 조용히 남긴다

오래된 창 하나만 곁에 둔 채, 조운은 조용히 눈을 감아가고 있었다. 임종을 지키던 병사들은 그의 침상 앞에서 무릎을 꿇고 말을 잇지 못했다.

조운이 마지막 힘을 내어 입을 열었다.

"내가 떠나면… 그대들은 스스로 잘하라."

그리고 아주 낮게 덧붙였다.

"마음은… 늦추어서는 안 된다."

등불이 꺼지듯 그의 숨이 사라졌다. 그러나 병사들은 두려움에 휩쓸리지 않았다. 조운이 남긴 것은 위로의 말이 아니라, 끝까지 흐트러지지 않는 기준이었다. 그가 떠난 자리는 공허가 아니라 훈련된 신뢰였다.

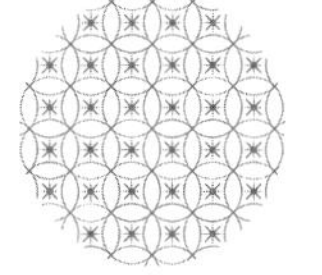

손권은 삼국지라는 세계에서 가장 오래 살아남은 군주였다. 그의 능력은 정복이 아니라 유지였고, 영웅적 결단보다 조율의 시간에 있었다. 그는 싸우지 않아도 될 전쟁을 피했고, 물러나지 말아야 할 순간에는 책임을 졌다. 손권의 통치는 눈에 띄지 않지만, 한 나라를 지속시키는 힘이 무엇인지 여실히 보여준다. 그는 강동을 넓히기보다, 강동이 무너지지 않게 균형감으로 통치했다.

손권 편:
흔들림 없는 균형감으로 통치한다

[손권의 생애 흐름]

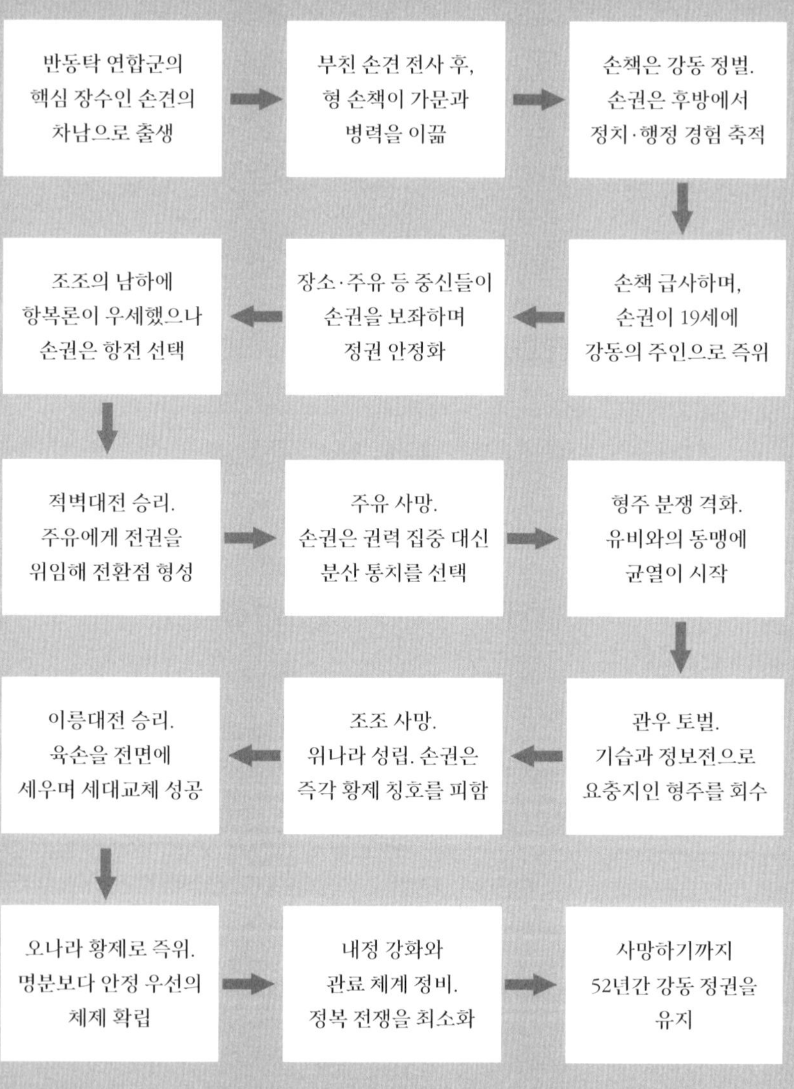

반동탁 연합군의 핵심 장수인 손견의 차남으로 출생
부친 손견 전사 후, 형 손책이 가문과 병력을 이끎
손책은 강동 정벌. 손권은 후방에서 정치·행정 경험 축적
조조의 남하에 항복론이 우세했으나 손권은 항전 선택
장소·주유 등 중신들이 손권을 보좌하며 정권 안정화
손책 급사하며, 손권이 19세에 강동의 주인으로 즉위
적벽대전 승리. 주유에게 전권을 위임해 전환점 형성
주유 사망. 손권은 권력 집중 대신 분산 통치를 선택
형주 분쟁 격화. 유비와의 동맹에 균열이 시작
이릉대전 승리. 육손을 전면에 세우며 세대교체 성공
조조 사망. 위나라 성립. 손권은 즉각 황제 칭호를 피함
관우 토벌. 기습과 정보전으로 요충지인 형주를 회수
오나라 황제로 즉위. 명분보다 안정 우선의 체제 확립
내정 강화와 관료 체계 정비. 정복 전쟁을 최소화
사망하기까지 52년간 강동 정권을 유지

젊음은 약점이 아니라
책임을 맡을 수 있는 시간이다

형 손책이 갑작스럽게 세상을 떠났을 때, 강동은 아직 완전히 다져진 땅이 아니었다. 전쟁은 끝났지만 질서는 불안했고, 주변 세력은 여전히 기회를 엿보고 있었다. 그 상황에서 손권은 스무 살도 되지 않은 나이로 권력을 이어받았다.

조정에서는 불안이 먼저 퍼졌다. 전장을 누빈 공도 없고, 이름으로 사람을 누를 힘도 없는 젊은 군주가 이 무거운 자리를 감당할 수 있겠느냐는 말들이 오갔다.

그때 손권은 분명히 말했다.

"어린 내가 이 자리를 잇는 것은 가볍기 때문이 아니다. 이 자리가 가장 무겁기 때문이다. 무거운 것은 반드시 누군가가 져야 한다."

그 말 이후로 더 이상 나이에 대한 논쟁은 이어지지 않았다.

결단은 목소리가 아니라
탁자를 부수는 행동이다

조조가 보낸 서신이 강동 조정에 도착했을 때, 전운은 이미 남쪽으로 내려오고 있었다. 형주가 무너졌고, 조조의 군대는 장강을 눈앞에 두고 있었다.

조정의 회의가 길어질수록 분위기는 항복 쪽으로 기울었다. 손권의 나이가 다시 문제로 거론되었고, 조조의 위세를 감당할 수 있겠느냐는 말이 노골적으로 오갔다.

그때 손권은 아무 말 없이 칼을 뽑아 탁자를 내려쳤다. 탁자가 갈라지며 회의장은 순식간에 정적에 잠겼다. 손권은 그 자리에서 분명히 말했다.

"강동의 칼은 아직 부러지지 않았다."

그 순간 더 이상의 논의는 필요하지 않았다. 그날 이후 장강을 사이에 둔 전쟁은 피할 수 없는 현실이 되었다.

129

강한 자에게 무릎 꿇지 않는 것,
그것이 왕의 첫 싸움이다

조조가 남하하자 강동의 선택지는 점점 줄어들고 있었다. 형주는 이미 무너졌고, 조조의 군세는 강을 건너기 직전이었다. 이때 유비가 강동을 찾았다. 그는 전쟁보다 생존을 먼저 꺼냈다. 조조를 섬기면 강동은 보존될 수 있고, 싸우지 않아도 백성을 지킬 수 있다는 논리였다. 조정 안에서도 살아남는 것이 곧 이기는 것이라는 말이 힘을 얻고 있었다.

손권은 그 제안을 받아들이지 않았다. 그는 유비를 바라보며 분명히 말했다.

"무릎으로 지키는 나라라면, 무릎을 꿇는 순간 사라진다."

손권이 택한 싸움은 혈기로 밀어붙인 선택이 아니었다. 한 번 무릎을 꿇으면, 다시는 일어설 명분을 만들 수 없다는 판단이었다. 강동이 이후의 전쟁을 감당할 수 있었던 출발점은, 이 첫 싸움을 피하지 않았다는 데 있었다.

불길은 명령이 아니라
결단에서 시작된다

적벽 전야, 장강 위에는 조조의 군선이 끝없이 늘어서 있었다. 북쪽에서 내려온 군대는 수십만에 달했고, 병선들은 사슬로 엮여 물 위를 덮고 있었다. 강동의 수군은 수적으로 열세였고, 한 번의 판단이 전쟁의 향방을 가를 상황이었다.

주유는 이미 계산을 끝낸 상태였다. 바람의 방향, 배의 배치, 불이 옮겨 붙는 속도까지 모두 머릿속에 있었다. 하지만 마지막 결정은 자신의 몫이 아니었다. 주유는 손권을 향해 물었다. 불을 붙일지 말지, 그 선택만을 남겨두고 있었다.

손권은 길게 설명하지 않았다. 전술을 다시 묻지도 않았고, 성공 가능성을 따지지도 않았다. 그는 짧게 말했다.

"불을 붙여라."

그 한마디로 책임의 경계가 분명해졌다. 불을 지르는 것은 주유였지만, 그 결과를 짊어지는 사람은 군주였다.

가슴 벅찬 승리의 날에
가장 경계해야 할 것은 자신이다

적벽에서 불길이 사그라들자 전황은 분명해졌다. 조조의 군대는 물러났고, 강동은 결정적인 승리를 거두었다. 진영 곳곳에서 술자리가 벌어졌고, 장수들은 서로의 잔을 부딪치며 패자의 몰락을 외쳤다.

그러나 군막 밖에서 손권은 아직 연기가 걷히지 않은 강 위를 바라보고 있었다. 불타다 남은 배들이 떠 있는 장강은, 승리의 흔적이자 동시에 경고처럼 보였다.

손권은 조용히 말했다.

"조조는 한 번 져도 끝나지 않는다. 우리는 한 번 자만하면 그 순간이 끝이다."

그 말은 패자를 낮추기 위한 것이 아니었다. 싸움의 결과보다, 그 결과를 받아들이는 태도가 더 중요하다는 판단이었다. 적을 얕보는 순간, 다음 전쟁은 이미 시작된다는 인식이었다.

132

사람을 쓰는 일은
의심보다 믿음이 먼저다

적벽의 승리가 굳어지자, 전장보다 조정이 먼저 술렁이기 시작했다. 여몽과 노숙, 주유의 이름이 오르내리며, 누가 더 공이 큰지를 놓고 말들이 이어졌다.

손권은 그 제안을 받아들이지 않았다. 그는 공의 크기를 따지기보다, 공을 바라보는 태도를 문제 삼았다. 그리고 신하들에게 분명히 말했다.

"의심이 먼저 오면, 사람은 한 걸음도 못 걷는다."

손권은 공을 한쪽으로 몰아주지 않았다. 대신 역할을 구분했고, 책임을 나누었다. 힘을 흩뜨린 것이 아니라, 서로가 서로를 견제하지 않도록 묶는 방식이었다.

133

때를 아는 자는
이기는 순간에 들뜨지 않는다

적벽의 불길이 꺼지자, 전장의 시선은 곧 북쪽으로 향했다. 조조의 군대는 크게 흔들렸고, 추격에 나선다면 더 큰 승리를 거둘 수 있다는 기대가 퍼졌다. 장수들은 북진을 청했다.

그러나 손권은 즉각적인 명령을 내리지 않았다. 그는 장강의 흐름을 오래 바라보며 전장의 흥분이 가라앉기를 기다렸다.

손권은 조용히 말했다.

"승리의 속도는 나를 기쁘게 하지만, 승리의 무게는 나라를 지치게 한다."

그 말은 추격을 부정한 것이 아니라, 감당할 수 없는 승리를 경계한 판단이었다. 손권의 선택은 전쟁을 끝내지는 못했지만, 무리한 확장을 막았다. 그 절제가 있었기에 강동은 살아남았고, 이후의 균형 속에서 천하가 셋으로 나뉠 수 있었다.

한쪽을 고르지 않는 선택이
나라를 살리는 때가 있다

적벽 이후, 형주는 비어 있었다. 연합의 명분 아래 함께 다루기로 했던 땅이었지만, 유비는 먼저 들어가 자리를 잡고 물러나지 않았다. 강동의 조정은 곧 술렁였다. 함께 싸운 동맹이었지만, 결과만 보면 일방적으로 빼앗긴 형국이었다.

신하들의 분노는 거셌다. 지금 바로 군사를 일으켜 형주를 되찾아야 한다는 주장이 이어졌다.

손권은 즉각 반응하지 않았다. 그는 강가로 나가 흐르는 물을 가리키며 말했다.

"강은 서쪽의 물도, 동쪽의 물도 담아 같이 흘러간다."

그 말은 유비의 행동을 정당화한 것이 아니었다. 지금 이 순간, 어느 한쪽에 서는 것이 강동에 유리하지 않다는 판단이었다. 그는 한쪽을 고르지 않았고, 그 보류의 선택이 다음 싸움을 가능하게 했다.

135

승리는 끝이 아니라
경계를 시작하는 지점이다

적벽에서 패주한 조조의 군대 일부가 포로로 끌려왔다. 전쟁은 이미 끝났고, 강동은 승자의 위치에 있었다. 조정 안에는 승리를 정리하는 말들이 오갔지만, 손권은 그 틈에서 다른 질문을 던졌다. 왜 저 거대한 군대가 무너졌는가 하는 문제였다.

손권은 포로 중 한 병사를 불러 세웠다. 왜 패했는지를 묻는 질문이었다. 병사는 잠시 망설이다가 떨리는 목소리로 답했다.

"우리는… 패한 줄 몰랐습니다."

그 말을 듣고 손권은 스스로에게 말하듯 입을 열었다.

"패한 줄 모르면 이미 패한 것이다."

손권은 전쟁의 결과보다, 결과를 받아들이는 태도가 나라의 다음 운명을 결정한다고 보았다. 그는 승리의 순간에도 판단을 늦추지 않았고, 그 경계심을 통치의 기준으로 삼았다.

136

승리를 과시하지 않고,
이긴 뒤에도 기반을 다진다

형주를 되찾은 날, 성 안은 승리의 소리로 가득 찼다. 병사들은 성벽을 두드리며 환호했고, 진영에서는 잔이 돌았다. 오나라의 기세가 하늘에 닿았다는 말까지 나왔다.

손권은 그 분위기에 섞이지 않았다. 그는 잔을 내려놓고 한참을 말없이 있었다. 이겼다는 사실보다, 이긴 뒤의 마음이 더 위험하다는 것을 알고 있었기 때문이다.

손권은 말했다.

"높아질수록, 뿌리가 더 깊어야 한다."

손권의 오나라가 쉽게 무너지지 않았던 이유는, 승리의 크기보다 승리를 다루는 태도에 있었다.

지도자의 자리는
외로움을 견디는 자리다

적벽 이후, 강동의 조정은 조용해지지 않았다. 전쟁은 끝났지만, 공은 남았다. 장수들은 각자의 역할을 앞세웠고, 신하들은 그 공을 기준으로 다음 결정을 요구했다.

밤이 되자 궁성은 비어 있었다. 손권은 홀로 난간에 서서 낮에 들었던 말들을 떠올렸다. 함께 술을 마실 사람은 많았지만, 결정의 무게를 나눌 수 있는 사람은 없었다. 그는 혼잣말처럼 말했다.

"벗은 많으나 내 마음을 아는 자는 없구나."

손권은 스스로를 향해 웃으며 말을 이었다.

"왕이 외롭지 않다면, 나라가 외로워진다."

강동이 흔들리지 않았던 이유는, 결정의 끝에 항상 외로웠던 한 사람이 서 있었기 때문이다.

나라를 지키는 일은
사람의 마음을 지키는 일이다

손권의 어머니 오씨가 병이 들었을 때, 조정은 급히 군주를 찾았다. 국정은 여전히 돌아가야 했고, 결재를 기다리는 일들이 쌓여 있었다. 신하들은 병세가 깊어지기 전에 보고를 올려야 한다며 손권을 부르려 했다.

그러나 손권은 자리를 떠나지 않았다. 그는 어머니의 곁에 앉아 직접 물을 적셔 입에 머금게 했다. 군주로서의 일정이 아니라, 아들로서 해야 할 일을 먼저 택한 순간이었다.

신하들에게 손권은 분명히 말했다.

"백성도 아들이 있고, 장수도 아들이 있다. 나 또한 아들이 아니겠는가."

손권에게 효는 개인의 사소한 미덕이 아니라, 통치가 서는 가장 아래의 뿌리였다. 가장 가까운 관계에서조차 책임을 저버린다면, 나라를 다스릴 명분도 함께 무너진다고 보았다.

사람을 쓰는 일은
그를 의심하지 않는 일이다

전쟁이 이어지던 시기, 한 장수가 전공을 부풀렸다는 보고가 조정에 올라왔다. 전황이 복잡했던 만큼 사실을 가리기 어려웠고, 의혹은 빠르게 퍼졌다. 신하들은 일제히 죄를 물어야 한다고 주장했다.

손권은 즉시 처벌을 명하지 않았다. 그는 그 장수가 그동안 쌓아온 행적을 먼저 떠올렸다. 한 번의 잘못이 있었는지보다, 그 사람이 전장에서 보여온 태도가 무엇이었는지가 더 중요하다고 보았다.

손권은 분명히 말했다.

"한 번의 거짓이 열 번의 충을 가리지 못한다."

그 결정은 위험을 감수한 선택이었다. 그러나 손권은 사람을 쓰는 일이 완벽함을 요구하는 일이 아니라고 보았다. 믿어준 그 순간, 그 장수는 물러서지 않았다. 이후의 싸움에서 그는 말이 아니라 행동으로 자신의 자리를 증명했다.

140

체면을 지키는 승리보다
기준을 지키는 패배가 낫다

조정에서 한 장수가 간언하며 무릎을 꿇었다. 말은 날카로웠고, 표현은 거칠었다. 듣는 이들 사이에서 불편한 기색이 번졌다. 군주의 판단을 정면으로 건드린 발언이었기 때문이다.

신하들은 즉각 반응했다. 조정의 질서를 어지럽혔고 군주의 체면을 손상시켰으니 처벌해야 한다는 주장이 이어졌다.

손권은 그 말을 받아들이지 않았다. 그는 그 장수를 꾸짖지도, 감싸지도 않았다. 대신 이렇게 말했다.

"승리는 옳음을 잃으면 오히려 패배다."

그 판단은 체면을 내려놓는 선택이었다. 당장의 승부에서 이기는 것보다, 나라가 지켜야 할 기준을 잃지 않는 일이 더 중요하다고 보았다.

141

승자가 오래가는 이유는
멈출 줄 알기 때문이다

형주를 되찾은 날, 조정에는 다시 흥분이 번졌다. 전쟁의 흐름이 유리하게 돌아오자 신하들은 한목소리로 북진을 외쳤다. 지금 밀어붙이면 더 큰 성과를 얻을 수 있다는 계산이었다. 승리의 기세가 판단보다 앞서기 시작한 순간이었다.

손권은 그 소란 속에서 손을 들어 잔을 멈추게 했다. 환호가 가라앉자, 그는 천천히 잔을 내려놓으며 말했다.

"이긴 자의 발걸음이 빠르면 결국 길을 잃는다."

그 말은 진격을 두려워한 발언이 아니었다. 승리의 속도가 판단을 앞설 때, 방향을 잃는다는 경고였다. 손권은 지금 멈추는 것이 물러서는 일이 아니라, 다음 흐름을 읽는 일이라고 보았다. 강동이 오래 버틸 수 있었던 이유는, 이길 수 있을 때마다 더 가는 대신 멈출 수 있었기 때문이다.

가장 위험한 순간은
충분하다고 느낄 때다

강동의 형세가 안정되자 분위기는 달라졌다. 세금은 제때 거두어졌고, 창고는 차 있었다. 전쟁의 긴장은 누그러졌고, 조정의 논의도 점점 여유를 띠기 시작했다.

그러던 어느 날, 손권은 무기고를 둘러보다가 방패 하나를 집어 들었다. 전장에서 수없이 맞았을 흠집을 내려다보며, 그는 한동안 말을 하지 않았다. 그리고 입을 열었다.

"나라가 클수록, 사람의 마음은 작아진다."

그 말은 번영을 부정하는 경고가 아니었다. 풍요가 쌓일수록 경계는 느슨해지고, 느슨해진 경계가 나라를 가장 먼저 무너뜨린다는 인식이었다.

143

사적인 정은 접고,
공적인 기준을 세우다

태자 손등이 궁정의 권력에 개입하려 하자, 조정의 공기가 달라졌다. 태자의 말 한마디에 인사와 결정이 흔들렸고, 이를 둘러싼 보고가 연이어 올라왔다. 사태가 커지자 신하들은 손권 앞에 엎드려 간청했다. 혈육의 일인 만큼 조용히 덮어야 한다는 주장이었다.

그러나 손권은 그 청을 받아들이지 않았다. 그는 아들을 불러 다른 신하들과 같은 자리에 세웠다. 예외를 두지 않았고, 처분을 미루지도 않았다. 조정은 잠시 숨을 죽였다.

손권은 분명히 말했다.

"나는 먼저 군주이고, 그다음에 아비다."

그 말은 냉정함을 과시하기 위한 선언이 아니었다. 사사로운 정이 공적인 기준을 앞지르는 순간, 나라는 한 사람의 집안으로 바뀐다는 인식이었다.

지도자의 분노는
마지막 수단이어야 한다

세금을 담당하던 관리가 백성의 곡식 일부를 빼돌렸다는 보고가 올라왔다. 흉년이 이어지던 시기였기에, 그 일은 단순한 비리가 아니라 생존을 위협하는 범죄였다. 장수들은 분노했고, 칼자루를 잡으며 즉각적인 엄벌을 요구했다.

손권 역시 노여움을 숨기지 않았다. 그는 잠시 칼자루를 쥐었다. 조정은 숨을 죽였다. 그러나 곧 손권은 그 손을 천천히 내려놓았다. 분노가 판단을 앞설 때 어떤 결과가 오는지를 잘 알고 있었기 때문이다.

손권은 차분히 말했다.

"분노로 내리는 벌은 대개 나라를 해친다."

그 말은 처벌을 거부하겠다는 뜻이 아니었다. 벌의 기준을 감정이 아니라 질서에 두겠다는 선언이었다. 손권은 분노를 억누르고 절차에 따라 죄를 물었다.

145

군주의 마지막 일은
자리를 비워주는 일이다

노쇠한 손권 앞에 후계 문제는 더 이상 미룰 수 없는 과제가 되어 있었다. 조정에서는 태자를 둘러싼 말이 끊이지 않았고, 신하들은 하루가 멀다 하고 결단을 재촉했다. 권력이 흔들리기 시작하면, 그 여파는 다음 세대 전체로 번질 수 있는 상황이었다.

신하들이 왜 망설이느냐고 묻자, 손권은 곧바로 답하지 않았다. 그는 한동안 말을 아끼고 있다가 입을 열었다.

"자리를 남겨주면 다툼은 사라지고, 욕심을 남기면 다툼은 끝나지 않는다."

그 말은 후계를 포기하겠다는 선언이 아니었다. 떠나는 방식이 남는 것만큼 중요하다는 판단이었다. 손권은 권력을 움켜쥔 채 떠나는 군주가 남기는 혼란을 잘 알고 있었다. 그는 마지막 순간까지 무엇을 가져갈지가 아니라, 무엇을 남기지 말아야 할지를 고민했다.

삼국지는 영웅 몇 사람의 이야기만으로 움직이지 않았다. 전장의 한복판에서, 조정의 가장자리에서 각자의 선택이 시대를 밀었다. 누구는 힘으로, 누구는 말로, 누구는 침묵으로 혼돈을 건넜다. 무엇을 지키고, 무엇을 넘지 않으며, 언제 멈추고 언제 나아갈지를 스스로 결정한 사람들. 8장에 담긴 인물들은 정답을 가진 자들이 아니라, 모두 다른 결로 같은 시대를 살았던 사람들이다.

8장

기타 인물 편:
혼돈의 시대를 각자의 결로 건너간다

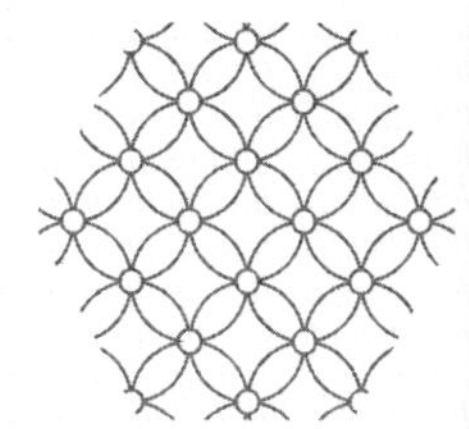

[기타 인물의 생애 흐름]

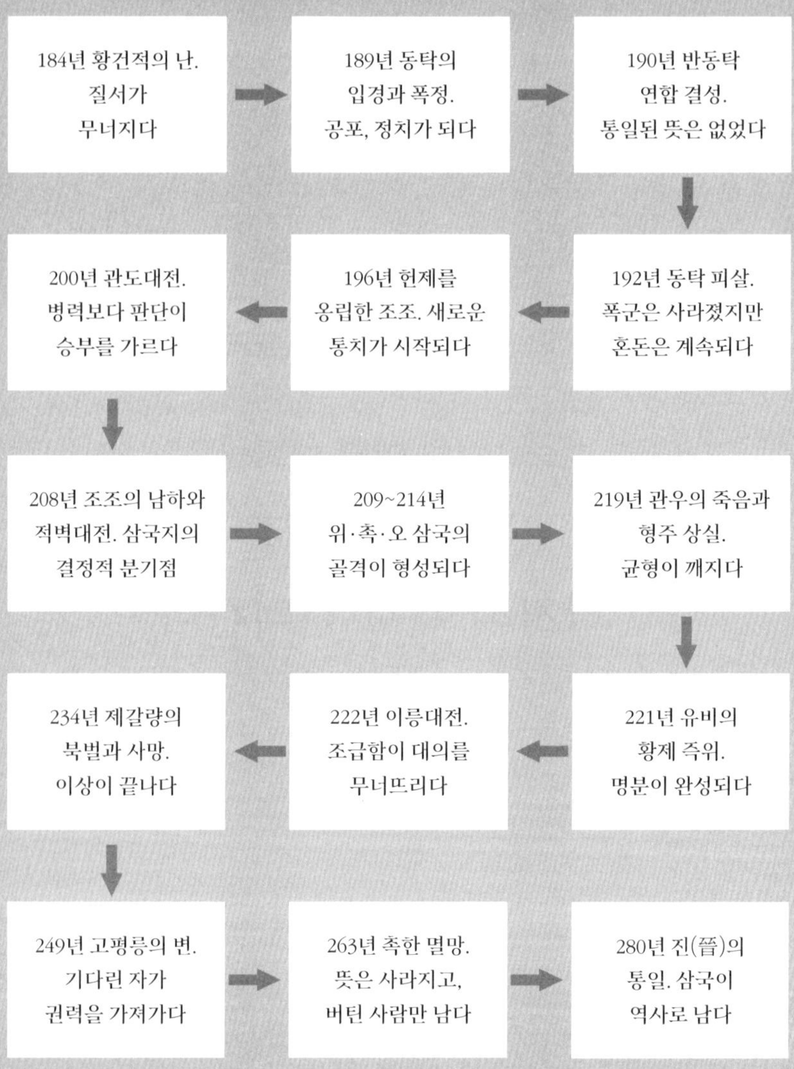

184년 황건적의 난. 질서가 무너지다
189년 동탁의 입경과 폭정. 공포, 정치가 되다
190년 반동탁 연합 결성. 통일된 뜻은 없었다
192년 동탁 피살. 폭군은 사라졌지만 혼돈은 계속되다
196년 헌제를 옹립한 조조. 새로운 통치가 시작되다
200년 관도대전. 병력보다 판단이 승부를 가르다
208년 조조의 남하와 적벽대전. 삼국지의 결정적 분기점
209~214년 위·촉·오 삼국의 골격이 형성되다
219년 관우의 죽음과 형주 상실. 균형이 깨지다
221년 유비의 황제 즉위. 명분이 완성되다
222년 이릉대전. 조급함이 대의를 무너뜨리다
234년 제갈량의 북벌과 사망. 이상이 끝나다
249년 고평릉의 변. 기다린 자가 권력을 가져가다
263년 촉한 멸망. 뜻은 사라지고, 버틴 사람만 남다
280년 진(晉)의 통일. 삼국이 역사로 남다

146

힘이 아무리 커도
믿음이 없으면 오래 못 간다

동탁의 폭정이 절정에 이르던 때, 장안의 공기는 늘 살기와 공포로 눌려 있었다. 어느 날, 동탁을 제거하자는 결심이 궁 안에서 굳어졌다. 여포에 의해 동탁이 쓰러지자 사람들은 환호했고, 여포의 이름을 영웅이라 불렀다.

하지만 다음 날부터 분위기는 달라졌다. 동탁을 베어낸 칼을 칭송하던 입들이, 여포의 눈을 조심스레 살피기 시작했다. '그 칼이 누구를 향해 돌아설지'를 먼저 생각하게 된 것이다. 여포는 홀로 칼을 닦으며 혼잣말처럼 말했다.

"이 칼로 큰일을 했어도, 사람 마음은 못 얻었다."

여포의 힘은 누구도 부정할 수 없었다. 그러나 믿음이 따라오지 않았다. 그의 문제는 무력이 부족한 것이 아니라, 그 무력을 맡길 만한 신뢰가 쌓이지 않았다는 데 있었다.

살아남는 자는 말보다
판단을 끝까지 아낀다

동탁의 시대가 끝나고, 여포의 깃발이 오르내리는 동안에도 가후는 눈에 띄지 않았다. 주인이 바뀌고 진영이 갈릴 때마다 그는 앞에 서지 않았고, 먼저 말하지도 않았다. 대신 상황이 굳어질 때까지 한 발 물러나 흐름을 지켜봤다. 그 선택 덕분에 그는 매번 전장의 끝이 아니라, 다음 장면에 서 있었다.

사람들은 그런 가후를 두고 신의가 없다고 손가락질했다. 누구의 편인지 알 수 없고, 언제든 등을 돌릴 수 있는 인물처럼 보였기 때문이다. 그런 말이 돌 때마다 가후는 술잔을 내려놓고 담담히 말했다.

"나는 내 목숨을 배신하지 않았다."

그 말은 비겁함의 변명이 아니었다. 혼란의 시대에는 먼저 외친 의리가 아니라, 끝까지 버틴 판단이 사람을 살린다는 인식이었다.

148

승리한 날이 가장 위험하니
그 하루를 먼저 경계해야 한다

관도대전이 끝나자 위나라 진영은 들썩였다. 원소의 대군을 꺾은 승리는 결정적이었고, 신하들은 술잔을 들며 서로의 등을 두드렸다. 전쟁이 끝났다는 안도와 함께, 이제 천하가 열렸다는 말까지 오갔다. 그날 밤, 군막 안은 웃음과 취기로 가득했다.

그러나 곽가는 잔을 들지 않았다. 그는 술자리가 한창일 때 조조 곁으로 다가가 조용히 말했다.

"이긴 오늘이 끝이 아닙니다. 내일이 시작입니다."

그 말은 승리를 깎아내리기 위한 것이 아니었다. 가장 위험한 순간은 패배가 아니라, 이겼다고 믿는 바로 그때라는 경고였다. 곽가는 승리에 취한 시선 너머에서, 다음 적이 자라나는 시간을 먼저 보고 있었다.

전장은 칼로 싸우지만
승패는 판단에서 갈린다

관도대전 초반, 조조의 진영은 눈에 띄게 흔들리고 있었다. 병력은 열세였고, 보급도 넉넉하지 않았다. 장수들 사이에서는 불안이 번졌고, 일부는 이미 패배를 입에 올리기 시작했다. 숫자와 형세만 놓고 보면 물러설 이유가 충분한 상황이었다.

그때 정욱은 병력의 많고 적음부터 따지지 않았다. 그는 원소 진영을 바라보며, 군세보다 사람의 상태를 먼저 살폈다. 그리고 조조에게 짧게 말했다.

"저쪽은 많아도 흩어져 있습니다."

그 한 문장은 전장의 시선을 바꿨다. 숫자에 눌려 있던 판단이 다시 서기 시작했고, 조조의 칼은 주저함을 거두었다. 전황을 바꾼 것은 용기가 아니라, 어디가 무너질지를 정확히 짚어낸 진단이었다.

150

사람이 아닌 기준을 따르는 것이
진정한 충성이다

원소의 진영이 기울기 시작했을 때, 전장은 이미 다른 방향으로 흐르고 있었다. 병력은 남아 있었지만 명령은 흔들렸고, 패색이 짙어질수록 지시는 거칠어졌다. 물러설 수 없는 상황에서도 무리한 진격 명령이 반복되자, 장합은 전장의 형세보다 지휘의 방향이 먼저 무너지고 있음을 느꼈다.

그는 더 이상 칼을 들고도 싸울 수 없는 싸움에 머물 수 없다고 판단했다. 장합은 주변을 둘러본 뒤, 조용히 말했다.

"패하는 명령에 붙는 건, 나라를 버리는 일이다."

그 선택은 배신처럼 보였지만, 장합에게는 기준을 지키는 결단이었다. 조조는 그를 받아들였고, 장합은 이후 수많은 전장에서 물러서지 않았다. 그는 누구의 이름 아래에 있든, 판단의 기준만은 바꾸지 않았다.

151

조용히 쌓인 공은
끝내 사라지지 않는다

악진은 늘 전장의 앞줄에 섰다. 그러나 승리의 날에도 자신의 이름을 앞세우지 않았다. 공을 나누는 자리에서 그는 말이 적었고, 환호가 커질수록 한 발 물러섰다. 대신 가장 위험한 자리에 서서 버티고, 밀어내야 할 순간에는 묵묵히 앞으로 나아갔다.

사람들이 왜 스스로를 드러내지 않느냐고 묻자, 악진은 짧게 답했다.

"총애는 하루지만, 믿음은 오래 간다."

그는 눈에 띄는 공보다, 무너지지 않는 자리를 택했다. 조용한 공은 기록보다 먼저 전장에서 드러나고, 말보다 오래 남는다. 악진이 남긴 것은 이름을 부르는 소리보다, 끝까지 지켜낸 신뢰였다.

<h1 style="text-align:center">152</h1>

속도만으로는 길을 열 뿐, 나라를 지킬 수는 없다

손책은 강동을 번개처럼 평정했다. 군벌들이 난립하던 땅에서 그는 망설이지 않았고, 싸움은 빠르게 끝났다. 전장은 그의 속도를 따라오지 못했다. 사람들은 그 기세에 압도되어 왕을 칭하라 부추겼다. 지금이 가장 높을 때라는 판단이었다.

그러나 손책은 웃으며 고개를 저었다.

"아직은 아니다. 지금은 더 단단해져야 한다."

그 판단은 속도를 멈추라는 말이 아니라, 속도만으로는 나라를 지킬 수 없다는 인식이었다.

하지만 그의 시간은 길지 않았다. 예기치 못한 죽음 앞에서, 열어놓은 문은 동생에게 넘어갔다. 손책이 남긴 것은 완성된 체제가 아니라, 다음 사람이 지켜야 할 방향이었다.

나라를 지키는 것은
버티는 시스템이다

손책이 갑작스럽게 세상을 떠난 뒤, 강동은 한순간에 흔들렸다. 젊은 군주가 자리를 잇는다는 사실보다 더 큰 문제는, 그 틈을 노리는 주변 세력이었다. 조정에서도 소문과 불안이 먼저 번졌고, 장수들은 각자의 계산을 앞세우기 시작했다. '누가 중심을 잡을 것인가'가 곧 강동의 운명이었다.

그때 장소는 앞에 나서지 않았다. 그는 권력을 쥐려 하지 않고, 먼저 회의의 순서를 세웠다. 보고의 체계를 정리하고, 공과를 나누는 기준을 마련했다. 무너질 수 있는 순간에, 먼저 세운 것은 공격 계획이 아니라 운영 규칙이었다.

장수들이 승리를 외치고, 성급한 결정을 밀어붙이려 할 때도 장소는 단호했다. 그는 군주에게 조용히 못을 박듯 말했다.

"오늘의 환호보다 내일의 규칙이 먼저입니다."

강동이 무너지지 않았던 이유는, 이런 원로가 만든 규칙과 절차가 있었기 때문이다.

154

극단을 고르지 않은 사람이
나라를 살린다

적벽 전야, 강동의 조정은 하나로 모이지 못하고 있었다. 북쪽에서 밀려오는 조조의 군세는 압도적이었고, 형주는 이미 무너진 뒤였다. 장수와 신하들 사이에서는 항복이 현실적이라는 말이 점점 힘을 얻고 있었다.

그때 노숙이 손권 앞에 나서며 말했다.

"무릎을 꿇으면, 강동의 피가 먼저 식습니다."

전쟁이 끝난 뒤에도 노숙의 역할은 달라지지 않았다. 승리와 분노 사이에서 그는 다시 중간을 붙잡았다. 노숙은 칼로 적을 가르지는 않았지만 말로 균형을 이으며 전쟁을 끝까지 관리했다.

때로는 먼저 손해를 감수할 때
비로소 판이 완성된다

적벽을 앞두고 강동의 장수들은 연일 승산을 따졌다. 병력의 차이, 보급의 한계, 바람의 방향까지 모두 계산의 대상이었다. 그러나 계산만으로는 조조의 의심을 넘을 수 없다는 사실을 누구나 알고 있었다. 결정적인 한 수가 필요했다.

황개는 그 해답을 자기 몸에서 찾았다. 그는 고육계의 역할을 자청하며, 스스로 매를 맞는 계책을 택했다. 주변에서 만류하자 황개는 담담히 말했다.

"내가 다치면, 적이 믿는다."

그 선택은 명예로운 돌격도, 화려한 전공도 아니었다. 오히려 스스로를 깎아내리는 결단이었다. 그러나 그 상처가 있었기에 조조는 방심했고, 불길은 옮겨 붙었다.

156

천재는 순간의 번뜩임이 아니라
계산된 설계로 증명된다

조조의 군선이 장강을 가득 메운 밤, 강동의 진영에는 긴장감이 가라앉지 않았다. 북쪽에서 내려온 대군은 수적으로 압도적이었고, 배들은 사슬로 엮여 강 위를 덮고 있었다. 병사들 사이에서는 숨소리조차 낮아졌고, 장수들 역시 쉽게 말을 잇지 못했다. 이 싸움은 용기만으로 버틸 수 있는 전장이 아니었다.

주유는 그 혼란 속에서도 조용히 움직였다. 그는 병사들의 얼굴을 살피고, 배의 배치를 다시 확인했다. 밤바람의 방향과 세기, 불이 옮겨 붙는 속도까지 계산했다. 누군가 승산을 묻자, 그는 길게 설명하지 않았다. 짧게 답했다.

"이길 수 있다. 해야 할 걸 하면 된다."

그 말은 낙관이 아니라 계산의 결과였다. 주유의 자신감은 감각에서 나온 것이 아니라, 끝까지 검토한 설계에서 비롯된 것이었다.

쓴소리는 듣기 불편해도
나라를 살리는 경고음이다

익주를 얻은 뒤에도, 유비의 전쟁은 끝나지 않았다. 땅은 넓어졌지만 민심은 아직 정착되지 않았고, 군대는 연속된 작전에 지쳐 있었다. 조정에서는 승리의 기세를 몰아 더 밀어붙이자는 말이 힘을 얻었다. 전쟁이 계속되어야 한다는 논리였다.

그때 법정이 한 발 앞으로 나서며 유비에게 말했다.

"백성을 밟고 가면, 나라도 흔들립니다."

순간 조정의 공기가 굳었다. 승리 직후에 던진 말로는 지나치게 날카로웠기 때문이다. 그러나 그 불편한 경고는 방향을 바로잡았다. 유비는 진군의 속도를 늦췄고, 전쟁의 목적을 다시 정리했다.

158

분노가 방향을 잃는 순간
힘 역시 제 갈 길을 잃는다

가문이 무너진 날 이후, 마초의 삶은 한 방향으로만 흘렀다. 서량의 명문이 하루아침에 사라졌고, 아버지와 형제들은 조조의 칼 아래 쓰러졌다. 남은 것은 복수뿐이었다. 그는 적을 향해 돌진했지만, 싸움이 끝날수록 마음은 더 비어갔다.

전장을 떠돌던 그가 유비를 만난 것은, 분노가 더는 길을 만들지 못하던 때였다. 유비 앞에서 마초는 칼을 내려놓고 고개를 숙였다. 그리고 솔직하게 말했다.

"지킬 곳이 필요합니다."

그 말은 항복이 아니라 방향의 전환이었다. 마초는 복수를 위해 싸우는 장수가 아니라, 지킬 대상을 위해 싸우는 장수가 되기를 택했다. 분노는 여전히 그의 힘이었지만, 이제 그것은 목적을 가진 힘이었다.

승부가 갈리는 순간에는
대담함이 전장을 정리한다

오나라의 진영은 신중했다. 회의는 길었고, 판단은 여러 번 되돌아갔다. 신중함은 강점이었지만, 때로는 그 신중함이 발을 묶었다. 적과 마주한 채 시간이 흘러가면, 망설임은 곧 기회를 내주는 일이 되었다.

그 틈을 찢고 들어간 장수가 감녕이었다. 그는 정면 돌파를 즐긴 것이 아니라, 머뭇거림이 가장 위험하다는 순간을 정확히 읽었다. 출전 명령이 내려지기 전, 감녕은 짧게 말했다.

"겁내는 순간, 이미 늦습니다."

그의 돌진은 난폭한 혈기가 아니었다. 언제 멈추고, 언제 넘어야 하는지를 아는 계산된 대담함이었다. 감녕은 질서를 무너뜨린 것이 아니라, 흐름이 요구하는 질서를 앞당겨 실행했다.

160

전장은 장병의 숫자가 아니라
마음이 무너질 때 끝난다

합비 전투에서 오나라의 대군이 밀려왔을 때, 전력 차이는 분명했다. 수만의 병력이 성을 에워쌌고, 성 안에는 소수의 병력만이 남아 있었다. 정상적인 계산이라면 버티거나 물러설 수밖에 없는 형세였다. 장수들 사이에서도 방어에 집중하자는 말이 오갔다.

그러나 장료는 다른 판단을 내렸다. 그는 기다리지 않았다. 오히려 문을 열고 먼저 돌진했다. 예상 밖의 움직임에 오군의 진형은 흔들렸고, 선두의 병사들은 싸움보다 두려움을 먼저 느꼈다. 장료는 적의 숫자가 아니라, 적의 마음을 겨냥하고 있었다.

사람들이 어떻게 그런 결단을 내릴 수 있었느냐고 묻자, 그는 단호히 말했다.

"두려움은 적에게 먼저 줘야 한다."

전장에서 무너지는 것은 병력의 수가 아니라, 싸울 이유를 잃은 마음이라는 장료의 판단이었다.

사람은 타고나는 게 아니라
배워가며 달라질 수 있다

여몽은 오랫동안 무장으로만 살아온 사람이었다. 전장에서는 앞에 섰고, 싸움에서는 물러서지 않았다. 그러나 판단과 계책이 오가는 자리에서는 늘 한발 뒤에 머물렀다.

그를 바꾼 것은 손권의 한마디였다. 싸움이 아니라 공부를 권하는 말이었다. 여몽은 그 권유를 흘려듣지 않았다. 그는 칼을 내려놓는 대신 책을 붙잡았다. 글을 읽고, 말을 익히고, 사람을 이해하는 법을 배웠다. 그리고 다시 전장에 섰을 때, 그의 움직임은 전과 달라져 있었다.

여몽은 스스로 이렇게 말했다.

"칼만 들면 강해 보이지만, 배우면 진짜 강해진다."

그의 변화는 재능의 각성이 아니었다. 배움이 시야를 넓히고, 판단의 깊이를 바꾼 결과였다. 여몽은 무장에서 장수로, 장수에서 전략가로 옮겨갔다.

나가서 싸울 때와
물러나 지킬 때를 분별해야 한다

이릉 전투 초반, 오나라의 형세는 불리해보였다. 촉군은 기세가 올랐고, 장수들은 조급해졌다. 빨리 맞붙지 않으면 더 큰 피해가 올 것이라는 불안이 퍼졌다. 전장 곳곳에서 즉각적인 공격을 요구하는 목소리가 높아졌다.

그러나 육손은 그 요구를 막았다. 그는 병력을 움직이기보다 진형을 다듬고, 시간을 흘려보냈다. 불리함을 견디는 것이 먼저라고 판단했다. 장수들이 재촉하자, 육손은 단호히 말했다.

"지금은 싸울 때가 아니라, 지킬 때다."

그 판단은 젊음과는 어울리지 않는 선택처럼 보였다. 그러나 육손은 속도를 늦추는 대신 질서를 세웠고, 전장의 흐름을 바꾸었다. 그의 승리는 기습이 아니라 관리에서 나왔다.

나라가 사라진 뒤에도
버티는 마음은 남는다

제갈량이 세상을 떠난 뒤, 촉한의 기세는 눈에 띄게 꺾였다. 북벌은 힘을 잃었고, 조정 안에서는 더 버텨야 하느냐를 두고 회의가 이어졌다. 많은 이들이 이미 끝을 말하고 있었고, 깃발이 내려갈 날을 계산하기 시작했다.

그 속에서 강유만은 물러서지 않았다. 그는 제갈량이 남긴 뜻과 전장의 불씨를 놓지 않았다. 더 이상 승리를 장담할 수 없는 상황에서도, 싸움을 멈추지 않았다. 사람들이 왜 끝까지 버티느냐고 묻자, 강유는 담담히 답했다.

"나라가 져도, 마음까지 지진 않는다."

그 말은 승리를 약속하는 선언이 아니었다. 패배 속에서도 무엇을 지켜야 하는지를 밝히는 기준이었다. 강유의 싸움은 나라를 되살리지는 못했지만, 나라가 어떻게 끝났는지를 남겼다.

164

주군을 떠날 수는 있어도
넘지 말아야 할 선은 있다

조조가 서서의 어머니를 인질로 삼았다는 소식이 전해졌을 때, 선택지는 많지 않았다. 그대로 남으면 어머니를 잃고, 떠나면 뜻을 저버렸다는 말을 들어야 했다. 전장은 아니었지만, 그에게는 가장 잔인한 싸움이었다.

유비는 서서를 붙잡지 않았다. 다만 서서가 떠나려는 순간, 마음을 숨기지 못하고 말했다. 그 말을 들은 서서는 고개를 깊이 숙였다. 그리고 분명히 선을 그었다.

"몸은 가도, 마음은 팔지 않겠습니다."

서서는 조조의 진영으로 향했지만, 끝내 유비의 이름을 입에 올리지 않았다. 계책도, 속내도 말하지 않았다. 떠났다는 사실은 바꿀 수 없었지만, 어떤 선을 넘지 않을지는 스스로 결정했다.

판단을 잘못 맡기면
지혜도 함께 무너진다

여포가 떠돌던 시기, 그의 곁에는 늘 계책을 내는 사람이 있었다. 진궁이었다. 그는 전술을 읽을 줄 알았고, 전황을 꿰뚫는 눈도 있었다. 실제로 여러 차례 여포를 살려낸 계책 역시 진궁의 판단에서 나왔다.

그러나 문제는 상대가 아니었다. 진궁은 여포의 힘을 믿었고, 그 힘이 결국 판을 뒤집을 것이라 확신했다. 배신과 흔들림이 반복되는 상황에서도 그는 끝까지 곁을 지켰다.

하비성이 무너지는 날, 진궁은 포로가 되어 조조 앞에 섰다. 조조는 물었다.

"그대의 지혜라면, 왜 이 길을 택했는가."

진궁은 잠시 침묵하다 답했다.

"지혜를 쓸 대상을 잘못 골랐을 뿐이다."

진궁의 실패는 계책이 부족해서가 아니었다. 판단을 맡길 대상이 무너졌기 때문이다.

충언이 사라질 때
조직은 안에서부터 무너진다

위나라 조정이 가장 안정돼 보이던 시기, 순욱은 조조의 곁에 있었다. 그는 조조의 야망을 누구보다 잘 이해했고, 동시에 그 야망을 제어할 수 있는 몇 안 되는 사람이었다. 조조가 지나치게 앞서 나가려 할 때마다, 순욱은 조용히 선을 그었다.

"지금은 때가 아닙니다."

그 말은 반대가 아니라 조율이었다. 그래서 조조 역시 오랫동안 그의 말을 들었다.

그러나 권력이 커질수록 분위기는 달라졌다. 조조가 황제의 자리를 넘보기 시작하자, 조정의 말들은 점점 한쪽으로 기울었다. 그때도 순욱은 침묵하지 않고 말했다.

"이 길은 나라를 세우는 길이 아닙니다."

그 말 이후, 얼마 지나지 않아 그는 조정에서 사라졌다. 순욱이 떠난 뒤, 조조의 결정은 빨라졌지만 거칠어졌다.

부조리한 세계를 사랑하는 법

카뮈의 인생 수업

알베르 카뮈 지음 | 값 14,000원

카뮈의 방대한 전작 중에서 현대인에게 가장 필요한 문장만을 선별해 재구성했다. 카뮈는 세계는 왜 무의미해 보이는지, 고통을 어떻게 받아들여야 하는지 등 인간의 근본적인 질문에 답한다. 죽음을 두려움 없이 직시했기에 삶을 더욱 열정적으로 사랑할 수 있었던 카뮈에게서 인생을 어떻게 살아야 할지에 대한 해답을 얻을 수 있을 것이다.

살아갈 힘을 주는 쇼펜하우어 아포리즘

쇼펜하우어의 인생 수업

아르투어 쇼펜하우어 지음 | 값 14,900원

행복과 인생의 본질, 인간관계의 본질, 학문과 책의 본질 등 인생 전반에 대한 쇼펜하우어의 직설적인 조언을 담은 인생 지침서다. 쇼펜하우어는 이 책에서 인생은 고통 그 자체지만 이 고통이 살아갈 힘을 준다고, 부는 행복에 큰 영향을 끼치지 않는다고, 남에게 평가받기 위해 인생을 낭비하지 말라고, 불행은 혼자 있을 수 없는 데서 생기기에 인간은 고독해야 한다고 전한다.

살아갈 힘을 주는 니체 아포리즘

니체의 인생 수업

프리드리히 니체 지음 | 값 15,000원

내가 살아가는 목적을 모르겠다면, 현재의 삶이 괴롭고 고통스럽다면 니체의 생생한 목소리를 담은 이 책을 읽자! 채우기보다는 비워내 나 자신을 찾아 삶의 위기를 의연하게 이겨내길 당부하는 니체 특유의 디톡스 철학, 생(生) 철학이 고된 우리의 현실을 이겨내고 다시 살아갈 힘을 준다. 이 책에는 우리가 알아야 할 인생의 모든 지혜가 담겨 있다. 니체의 통찰은 21세기의 독자들에게 더욱 큰 울림을 전한다.

인간에 대한 위대한 통찰

몽테뉴의 수상록

미셸 몽테뉴 지음 | 값 12,000원

가볍지도 과하지도 않은 무게감으로 몽테뉴는 세상사의 다양한 주제들에 대해 본인의 견해를 자신 있고 담담하게 풀어낸다. 이 책을 읽으며 나의 판단이 바른지, 내가 지금 제대로 살고 있는지, 앞으로 어떻게 살아야 하는지 등을 수없이 자문해보자. 원초적인 동시에 삶의 골자가 되는 사유를 함으로써 의식을 환기하고 스스로를 성찰하며 인생의 전반에 대해 배우는 계기가 될 것이다.

흔들릴 때마다 꺼내 읽는 마음의 한 줄

채근담 인생 수업

홍자성 지음 | 값 15,000원

혼란과 과속의 시대를 살아가는 현대인들에게 필요한 것은 마음의 균형을 되찾는 일이다. 이 책은 우리에게 그 조용한 균형을 회복할 수 있는 지혜를 건넨다. 『채근담』을 오늘의 언어로 풀어낸 이 편역서를 통해 어느 페이지를 펼치더라도 '지금 이 순간의 나'에게 필요한 한 문장을 만날 수 있을 것이다.

인간 실존에 대한 위대한 통찰

파스칼의 팡세

블레즈 파스칼 지음 | 값 12,000원

인간 존재의 비참함과 위대함을 동시에 들여다보는 위대한 철학적 고전인 『팡세』가 편역본으로 출간되었다. 단지 종교적 신념이 아니라, 스스로를 직시할 용기와 끝까지 사유할 인내의 가치를 말하는 이 책을 통해 감정적 동요에서 이성의 한계로, 다시 믿음의 고백으로 이어지는 사유의 흐름을 경험할 수 있을 것이다.

자유는 어떻게 지켜지고 어떨 때 제한되는가

존 스튜어트 밀의 자유론

존 스튜어트 밀 지음 | 값 9,900원

'혐오, 검열, 낙인, 여론 재단' 같은 주제는 자유론』이 출간된 지 150년이 지난 지금도 놀라울 만큼 생생하게 현실과 맞닿아 있다. 밀은 여론이라는 이름의 보이지 않는 폭력을 경고하며 '다수의 의견'이 언제든 소수의 표현을 억압할 수 있다는 사실을 밝힌다. 이 책은 밀의 『자유론』을 보다 쉽게 이해할 수 있도록 편역한 책이다. 철학 고전의 완독을 위한 안내자로서 이 책을 통해 고전을 단순히 '읽는' 텍스트가 아닌, '사유하고 내면화하는' 경험을 할 수 있을 것이다.

살아갈 힘을 주는 불교의 가르침

부처의 인생 수업

석가모니 지음 | 값 15,500원

불교는 단순한 종교를 넘어 '삶의 방식'으로 재조명되고 있다. 불경 중에서 부처의 목소리를 가장 생생하게 담아냈으며 일반인들이 읽기 좋은 『숫타니파타』와 『법구경』을 편역한 이 책에는 어려운 용어들에 역주를 달고 현대인들을 위한 정보만을 엄선해 보다 실천적으로 받아들일 수 있도록 구성했다. 이 책을 통해 내면의 평화를 찾기 위한 지혜를 얻을 수 있을 것이다.

군중의 심리와 행동에 대한 날카롭고도 위대한 통찰

귀스타브 르 봉의 군중심리

귀스타브 르 봉 지음 | 값 12,000원

똑똑한 개인이라도 집단 속에 들어가면, 군중의 일부가 되면 왜 그리 비이성적이고 충동적으로 변하는 걸까? 사회심리학의 영원한 고전『귀스타브 르 봉의 군중심리』가 초역본으로 재탄생되었다. 현대에도 이 책은 여전히 인간과 사회에 대한 예리하고 깊은 고찰을 제공하며, '군중'이라는 틀 속에서 사회 구성원의 행태를 이해하는 데 큰 도움을 준다. 인간과 사회에 대한 깊은 성찰을 제공하는 계기가 되어줄 것이다.

스스로를 돕는 것은 언제나 강력한 힘이 된다

새뮤얼 스마일즈의 인생 수업

새뮤얼 스마일즈 지음 | 값 15,000원

누구나 인생에서 마주할 수밖에 없는 역경을 잘 극복해서 성공하고 행복하기를 꿈꾼다. 새뮤얼 스마일즈의『자조론(Self-Help)』에서 현대인들에게 꼭 필요한 '자조(自助)'의 원칙만을 선별해 담은 이 책은 그 해답을 알려준다. '스스로 돕는다'는 자조의 정신을 보인 대가들이 자기 수양을 하고 인격을 쌓아 역경을 성공적으로 극복한 실제 사례들을 모아 그 방법과 중요성을 설파한다. 자기 자신을 잘 돌보고 목표를 성취하기 위한 동기부여가 필요하다면 이 책이 도움이 될 것이다.

자기를 온전히 믿고 살아가라

에머슨의 자기 신뢰

랠프 월도 에머슨 지음 | 값 12,000원

이 책은 인간이 자기 신뢰를 기초로 행동함으로써 더 나은 성취를 이룰 수 있다는 깊은 통찰이 담긴 에세이다. 에머슨은 '자신을 믿는 사람은 세계에서 가장 강한 사람'이라고 말한다. 자기 신뢰를 실천하면 내 안에 잠들어 있던 놀라운 힘을 발견하게 된다는 것이다. 이 책을 읽는 독자는 자신을 믿고 자신의 능력에 자부심을 가짐으로써 더 큰 성공을 얻고 만족스러운 삶을 살아갈 수 있을 것이다.

자신과 마주하고 지혜롭게 살아가기

아우렐리우스의 명상록

마르쿠스 아우렐리우스 지음 | 값 11,000원

마르쿠스 아우렐리우스는 로마제국을 20년 넘게 다스렸던 16대 황제다. 그는 로마에 있을 때나 게르만족을 치기 위해 진영에 나가 있을 때 스스로를 반성하고 성찰하는 내용을 그리스어로 꾸준히 기록했다. 그 결과물이 바로『명상록』이다. 마음가짐을 어떻게 가져야 하는지, 삶과 죽음에 대한 바람직한 태도는 무엇인지, 변하지 않는 세상의 본질은 무엇인지 등을 들려주고 있어 곱씹고 음미하면서 책장을 넘기게 될 것이다.

살아갈 힘을 주는 세네카 아포리즘

세네카의 인생 수업

루키우스 안나이우스 세네카 지음 | 값 14,500원

세네카가 남긴 12편의 에세이 중 대중들에게 가장 널리 알려진 6편의 에세이를 한 권으로 엮어 펴낸 책이다. 편역서의 특성상 현대의 독자들이 이해하기 힘들거나 시대적·역사적·문화적으로 거리가 먼 내용들은 과감히 삭제하고, 현대인들이 실질적으로 자신들의 삶에 적용할 수 있을 만한 핵심 내용만을 추려 간결하고 압축된 형식으로 소개한다.

인간의 행복은 어디에서 오는가

아리스토텔레스의 인생 수업

아리스토텔레스 지음 | 값 15,000원

당신은 행복한가? 어떤 삶이 행복한 삶일까? 이 책은 행복은 무엇이며, 어디에서 비롯되는지를 정리한 아리스토텔레스의 『니코마코스 윤리학』을 재편역한 것으로, 현시대 독자들이 쉽게 접근할 수 있는 내용을 엄선해 담았다. 다소 난해하고 관념적인 내용과 현시대와 맞지 않은 내용들은 덜어내고 정리했다. 지금 삶의 목적과 방향을 모르겠다면, 진정으로 행복하게 살고 싶다면 읽어야 할 책이다.

무엇을 위해 살고, 무엇을 사랑할 것인가?

위대한 철학자들의 죽음 수업

몽테뉴 외 지음 | 값 15,000원

이 책은 위대한 철학자 5인의 '죽음에 대한 생각'을 한 권의 책으로 묶어낸 고전 편역서다. 고대에서부터 현대까지 수많은 철학자들이 답을 찾고자 매달려온 철학적 주제이자, 영원히 풀리지 않을 숙제인 '죽음'에 대한 남다른 고찰이 엿보인다. 책을 관통하는 메시지는 '죽음에 대한 이해를 통해 삶을 더욱 온전히 이해할 수 있다'는 것이다. 철학자들의 인간 본질에 대한 통찰과 지혜가 담긴 죽음 수업은 죽음을 이해하고 현명한 삶을 살게 하는 열쇠가 되어줄 것이다.

인생을 어떻게 살아야 할 것인가

에픽테토스의 인생을 바라보는 지혜

에픽테토스 지음 | 값 12,000원

내면의 자유를 추구했던 에픽테토스의 철학과 통찰을 담았다. 현실에 적용 가능한 구체적이고 실천적인 에픽테토스의 철학을 내면에 습득해 필요한 상황이 올 때마다 반사작용처럼 적용할 수 있다면, 그 어떤 역경과 어려움 앞에서도 굴하지 않고 꿋꿋하게 살아남아 최후의 승리자가 될 수 있을 것이다. 현실에 좌절하고 힘들어하는 모든 현대인들에게 에픽테토스의 철학이 담긴 이 책을 권한다.

■ 독자 여러분의 소중한 원고를 기다립니다

메이트북스는 독자 여러분의 소중한 원고를 기다리고 있습니다. 집필을 끝냈거나 집필중인 원고가 있으신 분은 khg0109@hanmail.net으로 원고의 간단한 기획의도와 개요, 연락처 등과 함께 보내주시면 최대한 빨리 검토한 후에 연락드리겠습니다. 머뭇거리지 마시고 언제라도 메이트북스의 문을 두드리시면 반갑게 맞이하겠습니다.

■ 메이트북스 SNS는 보물창고입니다

메이트북스 홈페이지 matebooks.co.kr

홈페이지에 회원가입을 하시면 신속한 도서정보 및 출간도서에는 없는 미공개 원고를 보실 수 있습니다.

메이트북스 유튜브 bit.ly/2qXrcUb

활발하게 업로드되는 저자의 인터뷰, 책 소개 동영상을 통해 책에서는 접할 수 없었던 입체적인 정보들을 경험하실 수 있습니다.

메이트북스 블로그 blog.naver.com/1n1media

1분 전문가 칼럼, 화제의 책, 화제의 동영상 등 독자 여러분을 위해 다양한 콘텐츠를 매일 올리고 있습니다.

STEP 1. 네이버 검색창 옆의 카메라 모양 아이콘을 누르세요.   STEP 2. 스마트렌즈를 통해 각 QR코드를 스캔하시면 됩니다.
STEP 3. 팝업창을 누르시면 메이트북스의 SNS가 나옵니다.